Des Gloires
déboulonnées

DU MEME AUTEUR

LES FÉERIES DE PARIS (*Couverture de R. Carabin*). Ep.
LES SOUPEUSES (*Dessins de George Bottini*). Epuisé.
LE VRAI J.-K. HUYSMANS (*Portrait par J.-F. Raffaëlli*).
HENRI DE TOULOUSE-LAUTREC (*Avec reproductions*).
   Epuisé.
LE VRAI RODIN (*Avec reproductions*).
PARIS, VOICI PARIS ! (*Couverture de Sacchetti*).
CUBISTES, FUTURISTES, PASSÉISTES (*Avec des reproductions*). (Nouvelle édition.)
RODIN (*Grand album, avec illustrations*). Epuisé.
RODIN A L'HÔTEL BIRON ET A MEUDON (*Avec reproductions*). Epuisé.
PAUL CÉZANNE (*Avec reproductions*).
LES INDÉPENDANTS (*Avec reproductions*).
VAGABONDAGES (*Edition in-16*).
VAGABONDAGES (*Edition de luxe, avec illustrations*).
LAUTREC (*Avec reproductions*).
LES PANTINS DE PARIS (*Avec des dessins de Forain*).
   Epuisé.
PIERRE BONNARD (*Avec reproductions*).
VINCENT VAN GOGH (*Avec reproduction*).
DEGAS (*Avec reproductions*).

THEATRE
(*Seul ou en collaboration*).

M. PRIEUX EST DANS LA SALLE !
DEUX HEURES DU MATIN... QUARTIER MARBEUF (*Couverture de Géo Dupuis*).
HÔTEL DE L'OUEST... CHAMBRE 22.
UNE NUIT DE GRENELLE (*Couverture de Géo Dupuis*).
SAINTE ROULETTE.

GUSTAVE COQUIOT

Des Gloires déboulonnées

ANDRÉ DELPEUCH, ÉDITEUR
51, RUE DE BABYLONE, PARIS

IL A ETE TIRE A PART
25 EXEMPLAIRES SUR VERGE D'ARCHES
NUMEROTES DE 1 A 25
AVEC UN PORTRAIT INEDIT
DE L'AUTEUR GRAVE SUR BOIS
PAR FRANS MASEREEL

AVANT-PROPOS

Voici dix noms de peintres qui connurent les
joies du Paradis terrestre. Dix idoles ou dix noms
représentatifs de la fragile gloire qu'accordent de
médiocres juges, à la sollicitation des marchands.
J'ai choisi ces dix noms sans haine. Un second
livre suivra qui donnera, en contraste, dix « pein-
tres maudits » qui restèrent, eux, à la porte du
même Paradis terrestre. Aujourd'hui, — que les
marchands, que les amateurs soient ou non d'ac-
cord avec moi — les dix idoles, statues déboulon-
nées, chancellent et menacent de choir au souffle
du plus léger vent de justice. J'eusse pu faire une

autre sélection. On peut toujours faire autre chose
que ce que l'on fait! Mais les véritables « amoureux d'art » comprendront, après un moment de
réflexion, pourquoi mon choix de dix noms de
peintres qui furent heureux s'est porté sur ceux-là.
Bien qu'ils soient tous morts, j'ai suivi, pour les
présenter au lecteur, l'ordre alphabétique. Si le
lecteur est avisé, il rétablira lui-même l'ordre dans
lequel il eût fallu les nommer.

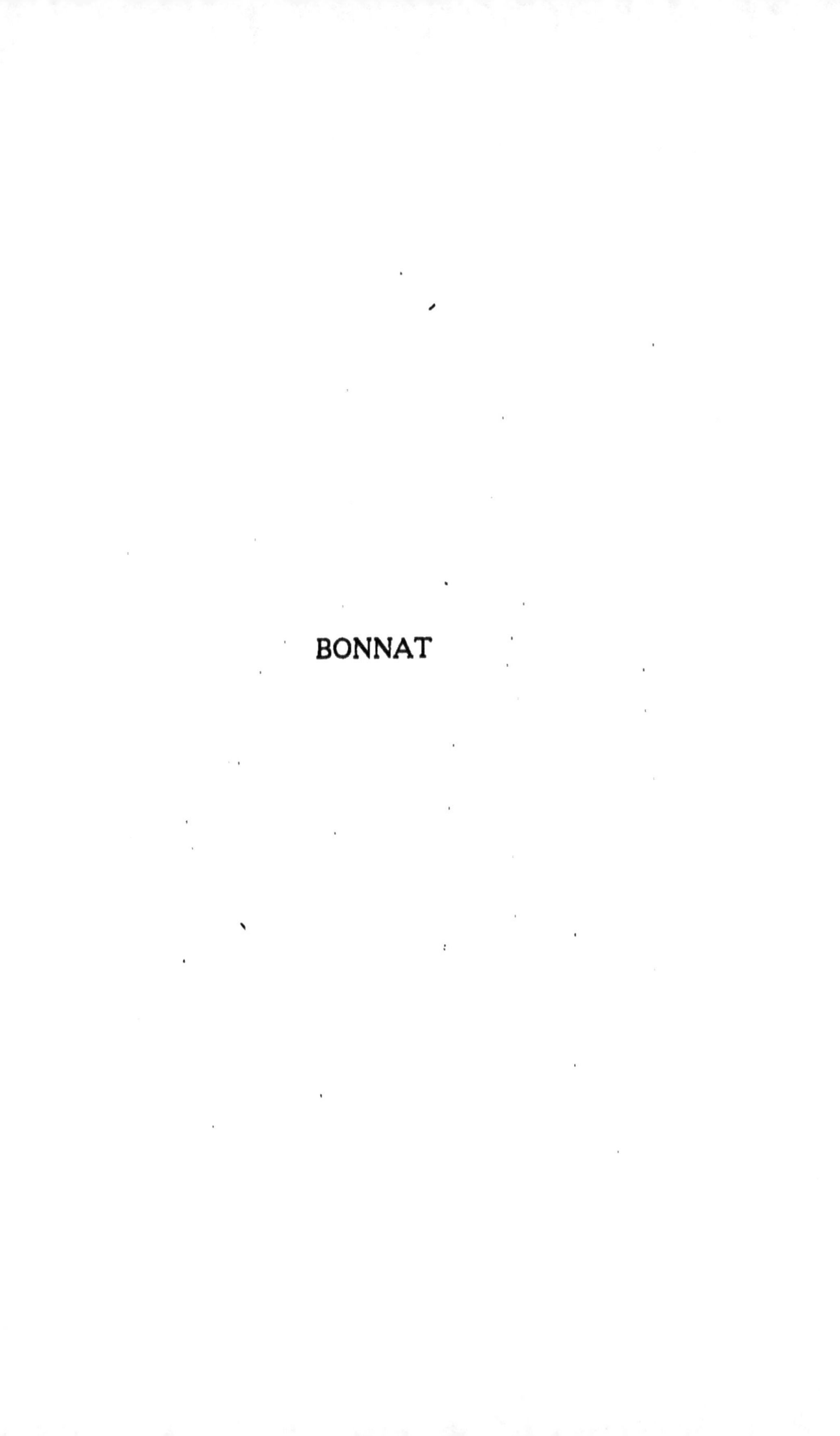

BONNAT

BONNAT

Bonnat — Monsieur Bonnat — ne fut pas
seulement l'Ingres des bourgeois de son temps, il
en fut le maçon. Nul ne mania, comme lui, les
brosses, la truelle et les plâtres colorés.

Sur des fonds abominablement saurés au jus
de chique et bourbeux; il plaça des faces et des
profils, toutes les faces et tous les profils de l'élite
du classement social. Il besogna lourdement — et
il s'enrichit non moins pesamment.

Comment déposa-t-il sur son fauteuil à portraits Victor Hugo, Henri Taine, Renan — et
toi, cardinal Lavigerie, chef des Pères blancs,

aigle parmi les taupes ? Comment M. Chauchard et comment, vous aussi, Lucienne Bréval ? Cela est son secret.

M. Bonnat avait raté le prix de Rome, ce brevet d'ignorance ! Toute sa vie, il le recommença — pour lui. Ah ! son *Job* sur son lit de paille ! et son *Saint Denis portant dans ses mains sa tête décollée !*

Dans les supérieures équipes de rugby, il y a toujours au moins un joueur bayonnais. M. Bonnat — né à Bayonne — fut, lui aussi, à sa manière, un athlète puissant et rapide.

C'était un brave homme. Quand il ne maçonnait pas, il cherchait — ici et là — des dessins de Rembrandt, qui n'étaient pas de Rembrandt, bien sûr ; mais il avait son excuse : ces dessins-là, réglés à un prix raisonnable, il les destinait au musée de Bayonne.

Je me souviens d'une longue après-midi passée chez lui, dans son hôtel particulier, rue Bassano.

BONNAT

J'étais alors chef-chroniqueur d'un journal qui
était aussi bête que tous les autres journaux, passés,
présents ou futurs. Rien de plus, rien de moins !

L'hôtel était sobre d'architecture, bien tenu.
Dans l'escalier, large, de pierre, des fresques de
Puvis de Chavannes. Ce n'était pas folâtre ; mais
je ne venais pas chez M. Bonnat pour folâtrer.

— J'ai été sacré chevalier de la Légion d'honneur en 1867, me dit le maître.

— Pardon ! maître, interrompis-je. Je ne viens
pas vous demander comment vous avez gravi les
successifs échelons de l'échelle d'honneur ; mais
pour vous questionner sur votre art, votre manière
de peindre, de comprendre le portrait, etc., etc.

— Soit ! et le maître m'offrit un siège.

— Je suis tout ouïe !

— Eh bien ! Voici, cher Monsieur ! Je suis
d'abord l'homme des trompe-l'œil ; j'adore le
simulacre d'un *faire* large ; et, enfin, — je crois
que vous m'accorderez, sans hésitation, ceci : per-

sonne ne peint comme moi sur des fonds noirs des chairs violacées ! J'aime le violacé, vous comprenez ! Pour moi, la chair est toujours violacée !

— Oui, c'est une « opinion visuelle », si je puis ainsi dire, défendable.

— Et remarquez, continua M. Bonnat, que j'eusse pu faire des chairs en saindoux, comme mes chers amis Cabanel, Jules Lefebvre ou Bouguereau, — ou bien encore des chairs en chocolat, comme ce bon Benjamin Constant, — ou enfin des chairs en plâtre comme ce délicat Cormon ; mais non, ma spécialité à moi, c'est les chairs violacées !

— Et votre modèle, maître ? Cherchez-vous longtemps la pose ?

— Non, je suis l'homme des décisions rapides. C'est un mérite que veulent bien me reconnaître mes collègues de l'Institut, où je suis entré en 1869, oui, c'est cela, en 1869.

— Bien ! bien ! dis-je, résigné. Mais la pose?

— La pose ? oh ! très simple, cher Monsieur. Je place les personnes sveltes debout — et les bedonnantes assises. Carnot, par exemple, debout ; et Fallières, assis. Les penseurs aussi, je les peins assis : Hugo, Renan, Chauchard. Les hommes d'action, au contraire, je les vois debout, un bras appuyé sur ce coin de table ; et, si j'ai devant moi un orateur, je place discrètement sur la table — mais toujours un peu en trompe-l'œil — le plateau, la carafe et le verre d'eau.

Le jour tombait. Je regardais le masque volontaire, têtu du grand peintre bayonnais· J'avais devant moi, devant mes humbles yeux de chef-chroniqueur, « un » grand' croix de la Légion d'honneur. Ah ! que le bon maître Léon Cogniet eût été heureux de voir à quel faîte de la gloire son disciple était parvenu ! Je rêvais. La parole de M. Bonnat me rejeta tout à coup sur la terre.

— Et savez-vous, Monsieur, me demanda-t-il,

quels souvenirs j'ai gardés de tous les portraits que j'ai peints !

— Certes, non, maître ! dis-je, un peu secoué.

— Eh bien ! les voici, en gros; car, vous pensez bien que je ne puis vous conter tout cela par le détail ; j'en ai tellement peint de ces portraits officiels ou autres !

— Certes, le nombre doit en être infiniment grand ! acquiesçai-je.

— Des milliers, cher Monsieur, des milliers !

Et de l'ombre descendait, auguste et solennelle, sur la face volontaire du grand M. Bonnat.

Il se passa la main sur le front.

— Des milliers ! oui, des milliers !...

La tristesse nous envahissait, tous deux. Le maître sentit cet instant pénible. Il se leva — et il illumina le petit salon où nos tristesses s'épousaient.

— Des souvenirs, oui ! dit le maître. Mon meilleur modèle, je veux dire le plus sage, fut, incontestablement, le président Fallières. A peine assis, il s'endormait — et il ronflait. Aussi, ai-je particulièrement et soigneusement peint tous les détails de son habit. Et son ruban, son large ruban rouge sur la poitrine, quel chef-d'œuvre ! Les détails de tout cela ; ce ruban moiré, reflétant tous les éclats de la gloire. Votre Cézanne, avec ses cent vingt séances, n'eût pas fait mieux, cher Monsieur ! J'ai souvent cité la peinture de ce large ruban ! On m'accuse certes de peindre noir, triste, d'une pâte lourde, plâtreuse ; eh bien ! ce ruban, il faut le voir, c'est toute la République et tout l'Empire !

J'étais confiant ; j'étais chez M. Bonnat, membre de l'Institut, médaille d'honneur, grand'croix de la Légion d'honneur ; tout de même, pour me rassurer, complètement, je demandai vite :

— Et le modèle le plus turbulent, maître ? Vous souvenez-vous ?

— Oui, le petit président Loubet ! Il ne tenait pas en place ; toujours des coups de téléphone le harcelaient, le picotaient. Je ne sais pas comment j'ai pu finir son portrait. Ah ! je dois le dire : son ruban rouge, en travers de la poitrine, n'est pas peint aussi solidement, aussi délicatement que l'autre, celui du président Fallières ! Non ! A propos du ruban du président Loubet, il ne faut pas penser à Van Dyck, à Tintoret ou à Rembrandt.

Une femme de chambre entra, apportant le thé. Le maître prenait régulièrement, vers la fin de la journée, cette infusion. Il me convia à m'asseoir devant une fine porcelaine ; et nous bûmes, en silence.

Ce silence dura peu. Déjà le maître reprenait :

— Ah ! j'ai été, cher Monsieur, toute ma vie, un bûcheur ! un bœuf ! Depuis ma seconde médaille, en 1851, précisément, que d'œuvres ! que d'œuvres ! J'ai tout fait, jusqu'à des paysages ! Des paysages, qui sont encore des portraits. Des paysages solides, massifs, découpés dans du métal. L'ai-je assez bien rendue, la couleur locale de ma

terre pyrénéenne ! et les chênes ! et les châtai-
gniers ! des arbres vigoureux qui défient la tempête ! Ce ne sont pas les fragiles, les inconsis-
tantes ramures des Impressionnistes ; il n'y a pas
d'air dans mes tableaux à moi ; tout y est plâtreux,
bien maçonné et solide et pesant. Et leurs couleurs, à MM. Renoir et Claude Monet, des roses,
des bleus, des jaunes; comme si tout n'était pas
vert anglais pour les feuilles et terre de Sienne
brûlée pour les branches et les fûts des arbres.
Les ciels, du blanc d'argent et du bleu de cobalt.
Tout le reste n'est que littérature !

M. Bonnat se fâchait. Je me mis à l'aiguiller
sur ses collections.

Il me parla d'abord de son ami Puvis de Chavannes.

— J'aime, voyez-vous, me dit-il, cet art de
demi-teinte, ces réalisations adoucies, ces peintures tendres, si différentes de mes tableaux à moi.
Sans doute, cher Monsieur, je discerne bien

comme vous les emprunts que mon cher Chavannes a faits un peu partout. Mais vous avez vu
comme tout cela compose de beaux décors.
Dans mon escalier, j'ai de louables fresques, n'est-
ce pas ? J'aime, je vous le répète, cet art mièvre,
décoloré, anémique, inconsistant, d'une gaucherie
sans pareille. Et dire que c'est un homme qui a
l'air d'un officier supérieur et qui aime le champa-
gne, qui peint tout cela ! Cela est bien étonnant !

— Parlez-moi, maître, dis-je, de votre collection de dessins de Rembrandt.

— Je l'ai commencée, me répondit-il, en même
temps qu'une collection de dessins d'Ingres. Ingres,
c'est la fermeté dans la sagesse, l'honnêteté du
trait, le fini de l'amour ! On ne dessine plus
comme cela, à présent ! C'est aujourd'hui le règne
des fous ; c'est la débâcle, la rafale, c'est tout le
diable et son train, c'est tout le tohu-bohu apporté
par ce sauvage furieux que fut Delacroix. Et ce
qu'il y a, c'est qu'on est obligé de penser à cet

enfer ; tandis que votre Cézanne, c'est, n'est-ce
pas ? la douce plaisanterie !

Et le maître riait ; il riait, ma foi, très sincère-
ment — et de très bonne humeur ; et cela faisait
plaisir de voir « ce » grand' croix de la Légion
d'honneur qui riait, qui riait de si bon cœur.

Mais enfin il se calma ; et il me dit, aussitôt :

— Pour Rembrandt, j'ai, vous le pensez bien,
m'assura-t-il, une admiration sans limites. Tout ce
que j'ai pu trouver de lui, le moindre *gribouil-
lage* (le maître employa irrespectueusement ce
mot), je l'ai acheté. J'ai maintenant des paysages
et des scènes de mœurs d'une haute qualité. Mes
collègues veulent bien m'appeler « l'homme des
dessins de Rembrandt ». Ah ! cher Monsieur,
quelle science, quelle profondeur, quelle invention,
chez ce visionnaire ! Un pont, un arbre — et tout
y est ! Il y a des gens qui collectionnent des dessins de Raphaël, de Frans Hals, de Murillo, de
Corrège, de Bronzino, de Tintoret, de Poussin,

de Lotto, de Luini, de Botticelli, de Michel-Ange, de Watteau, de Pérugin et même de Fra Angelico, — moi, je ne collectionne que des dessins de Rembrandt. Je suis, je vous le répète, le collectionneur des dessins de Rembrandt ; c'est un titre auquel je tiens ! Je suis connu partout sous ce vocable. On m'apporte de partout des dessins du grand maître hollandais ; mais je n'ai pas besoin de vous dire, cher Monsieur, que je les inspecte minutieusement tous ces dessins. Je ne veux que des dessins scrupuleusement authentiques, au-then-ti-ques ! Et, Dieu merci ! ma collection, jusqu'à ce jour, est sans tache !

— Mais votre Direction à l'Ecole nationale des Beaux-Arts vous prend également bien du temps ! dis-je, en grignotant un petit Lefèvre-Utile.

— Oui, certes ! mais, là, rue Bonaparte, le coup d'œil d'ensemble suffit. Mes chefs d'atelier sont tous des peintres très distingués, la plupart mes collègues à l'Institut ; et tout marche bien, la pépinière est en bon état !

— Vous avez du déchet, cependant, Maître ?

— Sans doute ! sans doute ! tous nos élèves ne peuvent être les dignes continuateurs des Raphaël, des Léonard de Vinci et des Titien ; mais tous nos grands prix de Rome, tous nos grands prix du Paysage et de la Figure, sont des maîtres. Pas un de ceux-là ne bute sur la route sacrée de l'intangible Tradition. Toutes nos gloires actuelles de la peinture — depuis une trentaine d'années seulement, si vous le voulez bien — ce sont ces vaillants. Il suffit que je vous cite des noms. Que pèsent vos Cézanne, vos Renoir, vos Lautrec, vos Van Gogh — ce fou ! en confrontation avec les Pinta, les Axilette, les Lebayle, les Danger, les Thys, les Laurent, les Lavergne, les Déchenaud, les Moulin, les Guétin, les Roganeau, les Billotey, les Bodard et combien d'autres aussi notoires qu'illustres ? Voilà, cher Monsieur, les produits de nos chers enseignements, de notre constante préoccupation à maintenir la peinture dans les voies de la Sagesse, dans le culte du Vrai, dans l'adoration des Maîtres !

— Et vous pensez, dis-je, Monsieur Bonnat, que les professeurs-chefs d'atelier, les Luc-Olivier Merson, les Gabriel Ferrier, les Humbert sont, eux, les vrais continuateurs des hauts maîtres italiens ?

Un sourd rugissement, tous les éclats d'une colère contenue me clouèrent sur place. Un reste de Lefèvre-Utile m'étouffa moi-même, — et je m'apprêtais à battre en retraite, quand le maître-portraitiste des Eminences de la Pensée, de la Politique et de l'Industrie me retint violemment par le pan de mon complet-veston et me jeta :

— Malheureux ! Trois fois malheureux ! Oubliez-vous donc qu'en dehors de l'Ecole, il n'y a pas de maîtrise possible. Ah ! oui, la nature ! vous avez plein la bouche de votre sacrée nature !

Mais il ne faut l'étudier que chez les maîtres, dans les maîtres ! C'est dans nos musées augustes, dans nos sanctuaires de l'Art, si bien dirigés par d'éminents conservateurs, que l'on peut apprendre à peindre. Les Maîtres d'abord ; la nature ne vient qu'après. Dessinez donc un œil, une bouche, si vous ne savez pas comment d'abord Pérugin dessine cet œil et cette bouche ! Ah ! hérésie ! triple hérésie ! .

M. Bonnat était visiblement hors de lui. Je remis sur le plateau la tasse de thé qui chancelait dans ma main ; et, très confus, j'avançai, me sachant de toute façon perdu :

— Mais, Monsieur Brunetière et Vincent d'Indy et bien d'autres qualifient les musées eux-mêmes « d'institutions de décadence » !

— Des sots ! des sots ! Monsieur, et je les méprise ! La décadence, Monsieur, c'est de travailler seul, sans les Maîtres ; et les Maîtres, où sont-ils, sinon dans les musées ? Pour être soi-

même un Maître, il faut unir la science de Titien
à la couleur savoureuse de Corrège, l'éclat coloré
de Véronèse à la brillante invention de Tintoret.
Il faut, vous m'entendez bien, réunir toutes ces
fortes qualités en soi ; sinon, l'on est perdu !...

— Et vous croyez, dis-je, me redressant enfin
sous l'anathème ; vous croyez que M. Bouguereau, par exemple...

— Eh ! qui vous parle de Bouguereau, Monsieur ? Je me fiche, je me contrefiche de toutes
ses Nymphes, de toutes ses Naïades, de toutes ses
baudruches sortant de l'eau ou hanchant dans des
coquilles d'huîtres, au milieu de Tritons ahuris !..

— Oh ! Oh !... et comme je restais ébaubi.

— Oui, me jeta M. Bonnat — complètement
désemparé. C'est ce sacré Bouguereau qui est
cause de tout ; c'est lui qui jette le discrédit sur
notre peinture à nous tous. Ah ! je finirai par le
dire à Roujon ; j'en ai assez, assez !...

J'étais debout. C'était bien le moment de prendre congé. Un chef-chroniqueur n'est pas obligé de pousser le sacrifice de soi-même jusqu'à l'injure finale. Mais M. Bonnat s'était tout d'un coup calmé ; et je le vis bien, avec une certaine satisfaction, quand il me proposa de venir un jour déjeuner chez lui, en compagnie de M. Henry Roujon lui-même. Et le maître-portraitiste d'ajouter : « Hé ! hé ! cher Monsieur, un petit ruban rouge sur votre veston vous serait peut-être agréable ?... Hé ! hé ! »

Et le grave visage de M. Bonnat, rasséréné, souriait.

CAROLUS DURAN

CAROLUS DURAN

En ce temps-là, je traversais une grave crise nerveuse. Je dis « crise nerveuse », faute d'autre chose. Les médecins, comme nous-mêmes, les malades, s'en tirent presque toujours très bien en qualifiant ainsi de mots tout faits des affections qu'ils ne pénètrent pas.

Je traversais donc une grave crise nerveuse qui m'avait valu de mon médecin ordinaire cette thérapeutique précise : marcher tous les matins une bonne heure au Bois — et, au retour, gober une douzaine d'huîtres, arrosées de Chablis.

Sans entrain, mais sans défaillance, je suivais le régime que l'on m'avait imposé.

Je faisais régulièrement le tour des lacs, rencontrant des petits rentiers, des bonnes d'enfants, des chiens et des cyclistes.

Mais c'était aussi le temps — retardé — du sport hippique ; et, suivant ou précédant des lads, des gentlemen de manège, des amazones, des officiers de cavalerie, — et aussi de ces fantoches que Crafty a si drôlement dessinés, je voyais, parfois, un haute-forme très élégant parader sur un cheval « bien mis ».

Le cavalier, lui, également, avait belle allure. Je m'informai de ce personnage auprès d'un garde du Bois ; et il me fut répondu : « C'est le grand peintre Carolus Duran ! »

Et, presque aussitôt, je me souvins que je l'avais déjà rencontré une fois à Tours, où il était venu pour peindre deux ou trois portraits de « grandes dames », dans des prix qui montèrent chacun, je

crois, à des 25.000 francs ; — ce qui, entre paren-
thèses, constitua tout un événement pour les bourgeois de la capitale de la Touraine.

Du coup, j'évoquai Velazquez et Rubens, eux
aussi peintres et cavaliers. Et il y en eut certainement d'autres ; mais je m'en tins ce jour-là, à ces
deux peintres illustres, que Frémiet tira, pour notre
plus vive joie, du magasin des accessoires.

J'ai toujours aimé les chevaux. Dès l'âge de
cinq ou six ans, je fus juché sur un cheval. Service
au 3ᵉ régiment de dragons, puis lauréat de concours hippique, je puis un peu parler des nobles
bêtes. Le cheval du peintre Carolus Duran était
« bien mis », ai-je donc pu dire ; et, surtout, il
connaissait, de façon parfaite, tous les airs de
manège. C'était un vigoureux alezan, avec de ré-
gulières balzanes et une petite étoile qui débor-
dait un peu le frontal.

Souvent, je surpris depuis le peintre Carolus
Duran s'amusant comme un petit fou à faire dan-

ser son cheval ou à lui faire exécuter des voltes,
des demi-voltes et des changements de pied. Je
me disais : « Voilà Velazquez qui se divertit ! »
— et cela souvent durait, jusqu'au moment où
l'écuyère bien connue, Mlle Annita Sangrado,
lui tombait dessus au galop sévèrement contenu
de son pur sang. Et, tout de même, j'admirais
Carolus.

Il était le peintre à la mode. Alors que tous
les autres huiliers, les Feyen-Perrin, les Barrias,
les Vollon, les Vayson, les Lansyer, les Bernier,
les Maignan, les Luminais, les Busson avaient ap-
parences de pêcheurs à la ligne,— lui, ce sacré Carolus, il piaffait, il avait du panache, du style. Il
n'était pas un intrus dans ce beau cadre des gentlemen de ce temps-là : les Breteuil, les Gontaut-Bi-
ron, les Castelbajac et les de Grammont. Son pinceau était fine cravache et ses mains avaient la déli-
catesse de maniement d'un vicomte d'Aure ou de
la Guérinière. Et il faisait de si suaves portraits !

Il surgissait comme un triomphateur du Vernissage, au beau temps du Vernissage. Il apparais-
sait très entouré, claquant sec ; et de sa dextre,
cerclée d'un bracelet d'or, il décochait — telle une
chiquenaude ! — un geste des doigts aux lèvres
de Mlles Reichemberg et Cécile Sorel, les ingé-
nues déjà mûres de ce temps lointain — mais
ravissant !

Ah ! certes, ravissant ! Chers vernissages, où
êtes-vous ?

Le Vernissage ! Mot magique qui convulsion-
nait alors trois mois à l'avance Paris ! Mot fulgu-
rant, qui galvanisait les peintres, les couturiers, les
acteurs et les cabotines, les marchands de couleurs et les encadreurs.

En ces temps lointains, où le vieux Palais de
l'Industrie suffisait à abriter le seul, l'unique Salon,
trois mois à l'avance on ne parlait que de médail-
les et de rubans, ces récompenses ! Les peintres
— non encore complètement « arrivés » — figno-

laient, eux, le tableau qui devait — la recette était connue, largement exploitée — leur donner la seconde médaille, c'est-à-dire la mention : *hors-concours*. Des nus, de préférence. Et, le tableau presque terminé, on commandait le cadre, le *câ-âdre*, tout en or fin, étamé, reluisant comme un soleil d'août. Puis, dans le cadre livré à l'atelier en pompe solennelle, on plaçait l'œuvre, que les parents et les amis venaient contempler ; — sur quoi, le peintre, profitant des conseils, donnait le *trait de force*, « parachevait le navet ».

Le grand jour enfin brillait. Ce n'étaient, autour du Palais de l'Industrie, qu'équipages et toilettes. On s'engouffrait dans les salles encombrées d'échelles et de plantes vertes ; et le défilé commençait, dans une lourde atmosphère, faite de poussière, de parfums et d'odeurs humaines.

On riait, on se divertissait, on poussait des cris, des interjections de plaisir ou de surprise émerveillée. On se montrait Sarah Bernhardt, folâtre,

— et Mounet-Sully, impénétrable. Puis les ministres suivaient, avec leurs épouses harnachées ; —
et les peintres, avec leurs vieilles concubines. Un
rire fusait : c'était Réjane, encore toute frémissante. Du silence : c'était Mlle Bartet, qui mesu-
rait les lames du parquet. Enfin, autour des duchesses, M. Paul Bourget, empressé, bouche en
fleur, s'éduquait.

Bientôt, on ne respirait plus. Surchauffée, toute
cette chair humaine fumait. Dessous de bras et
dessous de cuisses. La peinture en craquelait. Il
soufflait comme une brise de décomposition et
d'avarie. Les narines des femmes battaient ; et,
les hommes, pris de congestion, éclataient, se sou-
lageaient. Paris célébrait ainsi sa fête annuelle de
la peinture.

Et quels entassements près des tableaux des
peintres illustres ; ces tableaux dont les chroni-
ques mondaines avaient à l'avance célébré la
gloire !

On se bousculait, tous sexes surexcités, pour contempler la belle Madame Renaut, qui avait posé, toute nue, un loup de satin sur son pubis, pour Albert Besnard. On reniflait aussi les femelles nues de Georges Rochegrosse, avec, entre leurs cuisses, des pâtés de venaison dont la pourriture ainsi s'activait. Puis, on courait s'égayer devant les tellement spirituelles plaisanteries des ordinaires « rigolos » : José Frappa et ses moines jouant à la main chaude ; Chocarne-Moreau et ses gentils gâte-sauces faisant des farces à de pauvres petits ramoneurs !

Puis, tout à coup, un souffle héroïque courbait les têtes. Place au drapeau ! Detaille et de Neuville sonnaient aux champs. Le second, surtout, fracassait du tourbillon de ses canons des phalanges de héros. On voyait des chevaux bondir ; des cavaliers sabrant des têtes ; et des grands diables d'Allemands tombaient comme les blés sous les baïonnettes des braves petits « vitriers ».

Enfin, on défilait devant la peinture de genre,
devant tous les rébus et devant toutes les sottises,
— devant les inénarrables godicheries d'un tas de
peintres décorés et célèbres, — devant tout ce
qu'un Salon peut enfanter d'abject ou de bêta ;
— puis, quand on était las, exténué, éreinté,
fourbu, on s'affalait sur les sièges, on criait grâce ;
— et, toute honte bue, on s'épongeait, on laissait
se liquéfier les fards et les onguents, on rotait,
on levait la cuisse !

A ce moment, les peintres, groupés, s'en al-
laient. Les humbles et les illustres. Tous se redres-
saient alors ; et, dans leur gloire, d'un pas olympien
ou vulgaire, ils gagnaient l'avenue des Champs-
Elysées.

C'étaient Bouguereau, bonasse ; Harpignies, ra-
geur ; Cormon, aigri ; Jules Lefébvre, sébacé ;
Cabanel, précieux ; Puvis de Chavannes, roidi ;
Pille, à la braguette ouverte ; Morot, joyeux, —

prêtant son bras à son beau-père Gérôme, aux jambes fragiles.

Carolus Duran n'était pas le moins admiré.

Généralement, un portrait le représentait au Salon. Portrait de femme ! Il y excellait. Personne, comme lui, ne savait peindre une joue, un front, comme une étoffe ou un bas de soie. C'était superbement, sublimement incolore et sans saveur. Il avait beau, chaque fois, avant de prendre la palette, se fouetter d'un : « Réveille-toi, Vélazquez ! », on n'avait jamais vu Velazquez se lever en lui ; mais qu'importait cela, puisque, lui, Carolus, il croyait être la doublure du peintre de Philippe IV.

Il fut un jour choisi pour être Directeur de l'Académie de France à Rome. Les grands dadais que nous entretenons bêtement là-bas ne pouvaient obtenir un meilleur père. Carolus se montra envers eux d'une tendresse de couveuse. Il laissa ces vieux icoglans perpétuer leurs sots labeurs. Débonnaire jusqu'à l'impossible, il vécut à Rome, comme il avait vécu à Paris : dans le culte du *Portrait d'Innocent X*, qu'on pouvait admirer autrefois, au musée de l'Ermitage, à Saint-Pétersbourg.

Partout, une superbe photographie représentant ce portrait, suivait le maître-gentilhomme. Avait-il à peindre la charmante Croizette, il contemplait d'abord la miraculeuse effigie de ce pape à la collerette. Pelotait-il, de ses pinceaux, le derrière ou le devant d'une Italienne nue, vite un regard à l'homme austère. C'était, cette effigie, le « palladium », si je puis ainsi dire, de son génie.

Passage Stanislas, dans ce morne quartier de Notre-Dame-des-Champs, — dans l'atelier si plein d'étoffes et de divans du « successeur » de Velazquez, j'ai revu, un jour, sur un chevalet, étoffé de rouge, l'illustre photographie. J'ai revu aussi, ce même jour, Carolus et quelques-uns de ses portraits, entre autres : Croizette, en amazone. Hélas ! pourquoi ai-je alors pensé à vous, précieuse Infante Marguerite — et à vous, charmant prince Balthazar-Carlos !

Je tenais sous mon bras un lot de photographies de ses tableaux — avec dédicaces — que venait de m'offrir le « maître-étoffiste ». Pendant long-temps, j'ai gardé, dans un carton, ces photographies de pauvres tableaux. Puis, je les ai offertes, à mon tour, à une vague proxénète. C'est ainsi que se termine souvent la gloire des grands officiers de la Légion d'honneur !

Une salle au musée de Lille est consacrée à certaines toiles du « maître-étoffiste », né Lillois. C'est, en quelque sorte, une statue à sa mé-moire. Mais, pour cette statue-là, également, les boulons tiennent mal ; au moindre souffle d'as-sainissement, la statue s'écroulera. Les municipa-lités et les ministres n'ont pas le pouvoir de dis-cerner le génie parmi l'immense tourbe des « ba-ratteurs » de la couleur.

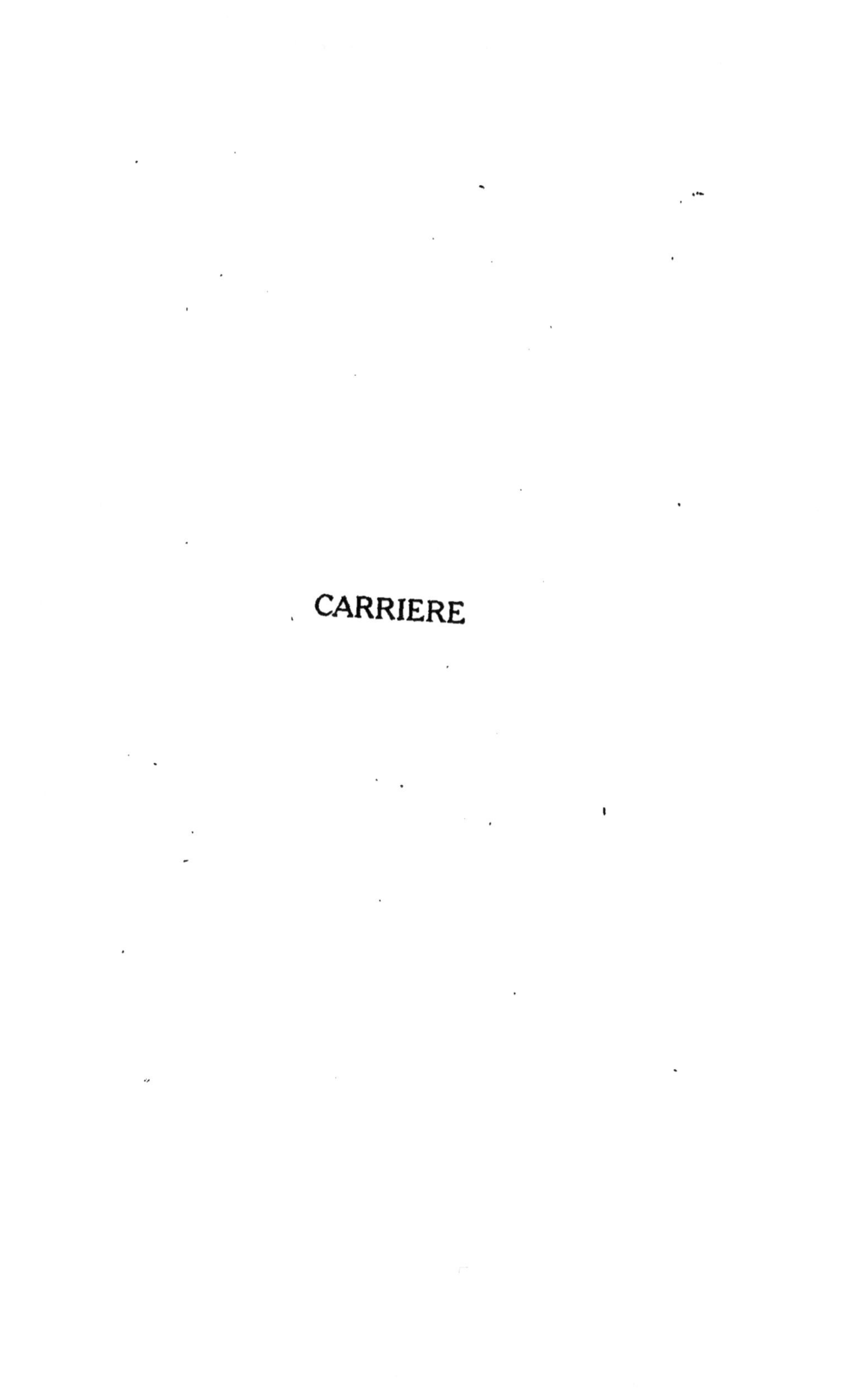

CARRIERE

CARRIERE

Il y avait autrefois, à Belleville, un charmant
vieil homme qui s'appelait, je crois, Fournier, —
mais qui avait choisi ce pseudonyme humble, tendre, effacé : Jean Dolent.

Il possédait un pavillon modeste, dans une rue
de province ; et, le dimanche, il aimait réunir ses
amis dans son logis un peu suranné.

A mon tour, je vins là, conduit par le poète
Henri Degron ; et, pendant bien des années, je
fus l'hôte fervent du charmant vieil homme.

C'était, Jean Dolent, un forcené « amoureux
d'art », comme il se qualifiait lui-même. Il goûtait

les « pensées », formulées dans un style concis, précis, serré à l'extrême ; du « concentré », de l' « extrait » de pensée, si je puis ainsi m'exprimer. Il a publié de fort bons petits livres, très représentatifs de ce style « constipé » qu'il affectionnait ; alors qu'il était doté, lui, d'une bonté qui ne supportait pas de contrainte.

Très collectionneur, sorte de cousin Pons fort avisé, il avait — dans une salle, à apparence de salle à manger-salon, — accroché aux murs un choix de tableaux anciens et de tableaux modernes. Parmi ces derniers tableaux, s'assombrissaient des œuvres de Carrière, dont il était, d'ailleurs, l'ami.

C'est là, précisément, que j'ai vu, pour la première fois, des exemples de cette peinture exsangue, reculée dans un brouillard fumeux.

Et j'eus, tout de suite, par Jean Dolent, des renseignements sur le peintre.

Car Jean Dolent affectionnait Carrière. Il célébrait, à tout propos, la bonté et la vive noblesse de sentiments de cet homme, venu du peuple, qui, durant sa trop courte vie, fut, en effet, une sorte d'apôtre de la pitié et de l'amour pour les autres.

J'ai peu vu Carrière. Je me souviens, pourtant, moi aussi, d'un homme grave, qui montrait, sous toutes les formes du caractère, comment on peut être sensible, généreux. Il demeurait alors rue Pierre-Ginier, — une de ces petites rues discrètes situées autour de La Fourche (avenue de Clichy) ; et ce quartier populaire lui convenait fort bien, quoique le peintre fut déjà célèbre. A regarder l'homme, on pensait le plus souvent qu'il n'avait dû qu'à des amis trop « arrivistes » de connaître les parvenus de la Politique, de la Littérature et des Affaires.

Puis, vers 1900, je retrouvai Carrière logé dans la rue Hégésippe-Moreau, dans cette ruche (réunion d'ateliers), où, au hasard, on rencontre, parfois, les meilleures abeilles ; — où, surtout, les pıres frelons barbouillent. L'Hippodrome resplendissait alors de mille feux ; on y représentait *Vercingétorix* ; on y attelait des chars romains ; je vis un ou deux soirs Carrière autour des balustrades.

A ce moment, il était tout à fait illustre. Sorte de paysan robuste, à la figure pleine, ses amis — ceux que l'on appelle des réfractaires, parce qu'ils s'embusquent dans toutes les antichambres où l'on mendie, par de patientes requêtes, des rubans et des places, — ses amis en avaient fait tout de suite le portraitiste acclamé de Clemenceau et de Rochefort.

Puis, avaient suivi les portraits de Gabriel Séailles, de Metchnikoff, d'Anatole France, de Reclus, d'Edmond de Goncourt, de Daudet, de Lucienne Bréval, etc.

Les autres portraits des humbles Jean Dolent et Verlaine furent comme des retours à sa vie tranquille et modeste d'autrefois. C'est à propos de ce portrait de Verlaine qu'un des panégyristes de Carrière déclara : « Dans ce portrait, l'homme et la bête se mêlent curieusement. »

Dans l'affaire Dreyfus, Carrière prit position avec le portrait du Colonel Picquart. Il n'est pas opportun de nommer ici celui qui l'entraîna dans ce bas conflit de « politiciens » ennemis. Il fallait, n'est-ce-pas, que le peintre des « Maternités », comme *ils* disent, les Carrièristes, connût toutes les publicités.

Car, on n'a pas à ménager un artiste que l'on a fait célèbre ! Il faut — s'il ne veut pas être enlisé dans la conspiration du silence — qu'il soit le sujet, le valet, le serf, l'esclave, l'ilote du groupe des gens — mâles et femelles — qui le « poussent », l'encensent, le portent sur le pavois, d'où il retombera, plus tard, les reins cassés, déboulonné. Il faut qu'il obéisse aux ordres, surtout aux plus vils. Il faut qu'il renie ses origines, tout son passé, toute son honnêteté ; sinon, on le rejettera vite dans la pauvreté de ses débuts. Pour tous les besoins, il faut qu'on puisse se servir de cet artiste notoire — mais faible, qui n'aime pas que son art. On en fera un porte-drapeau d'idées honteuses, un hâbleur de réunion publique, un signataire de pamphlets déshonorants, un stercoraire de salons académiques. Carrière renifla à temps cette boue ; — et il regimba.

Il regimba, en se rejetant dans toute la noblesse de son travail ; et il se reprit à chérir les enfants et les mères.

Son affreuse infortune, c'est qu'il conserva quand même ses amis d'antichambres ministériel- les et de latrines mondaines.

De ces individus qui sont toujours prêts à écrire sur n'importe qui, sur n'importe quoi, n'importe quand et n'importe où, je détache les extraits d'opinions suivants :

— *Ses chefs-d'œuvre coulent à torrents.*

— *Ses sibylles inscrites dans les écoinçons de*

*l'Hôtel de Ville atteignent au surhumain michel-
angelesque.*

— *Il continue Prud'hon, Corot, Daumier et
Millet.*

— *Il découvre la grandeur de la maternité. Il
sonde l'âme mystérieuse de l'enfance.*

— *Son livre de chevet, ce sont les pensées de
Marc-Aurèle.*

— *C'est un confesseur d'humanité.*

— *Velazquez n'a guère plus de couleur que
Carrière.*

— *Il fut le peintre de la vérité.*

— *Il fut un philosophe, un poète.*

Et, couronnant le tout, Edmond de Goncourt
plante ce drapeau :

— *Carrière est le dessinateur passionné de la
main, comme l'ont été Watteau et Gavarni.*

Avec quelle satisfaction, Carrière dut, après
tout cela, se laisser étouffer en 1906, par l'inexo-
rable mal qui le dévorait depuis trois ans.

Certes, il n'est point question de nier le talent du peintre d'*Un coin de spectateurs au Théâtre de Belleville* et de tant de portraits excellents ; mais ses amis, ses thuriféraires ont vidé trop de sottises sur son œuvre. Ils ont bafouillé jusqu'au délire ; ils ont perdu tout sens de la mesure. Ce peintre de second ordre ne méritait point cet excès de flagorneries. Aujourd'hui, on ne recherche plus ses tableaux ; voilà l'injuste châtiment de tant de sottises verbales ou exprimées dans des dithyrambes de jocrisses.

Oui, ils sont bien coupables, ces niais qui contemplent la statue déboulonnée. Sans réserve, les amateurs, déçus, déposent, de leur côté, maintenant, au bas des tableaux repoussés, leurs propres ordures :

— *Les toiles de Carrière, des agrandissements de photographies de chez Braun.*

— *Qui possède une toile de Carrière, en a cent.*

CARRIERE

— *Ah ! le beau peintre que l'on qualifie de magicien, de visionnaire, de thérapeute, de suprême intimiste, de sculpteur même, — et qui toujours se délivra de la couleur propre des choses!*

— *Il ne lui restait plus que Séailles pour le louer ; il vient d'en mourir !*

Séailles, — et tant d'autres !

Plus regrettable mort, fut, certes, celle du vieil homme charmant qui s'appelait Jean Dolent. Ce fut, assurément, celui qui aima le mieux et comprit le mieux Carrière, après l'avoir « découvert ». Souvent on put l'entendre s'alarmer des prix auxquels furent bientôt cotées les toiles de son ami. Il rougissait lorsque, dans le silence du pavillon de Belleville, un bavard comparait Carrière à Delacroix ou à Rembrandt. Ordinairement, il laissait dire ; puis, tout à coup, doucement, avec une fine et délicate ironie, il vilipendait — le hâbleur compris — les journalistes et les marchands (mais eux, au moins, faisaient leur métier !) qui avaient arraché Carrière à sa vie tendre, et bonne, et recluse, de peintre d'un foyer tout chaud de l'affection dévouée d'une femme et de tout un nid d'enfants.

Puis, il nous emmenait tous dans son petit jardin, d'où l'on découvrait un coin de Paris, — de ce Paris chaotique, monstrueux, qui, quotidiennement, vidange bien d'autres ignominies !...

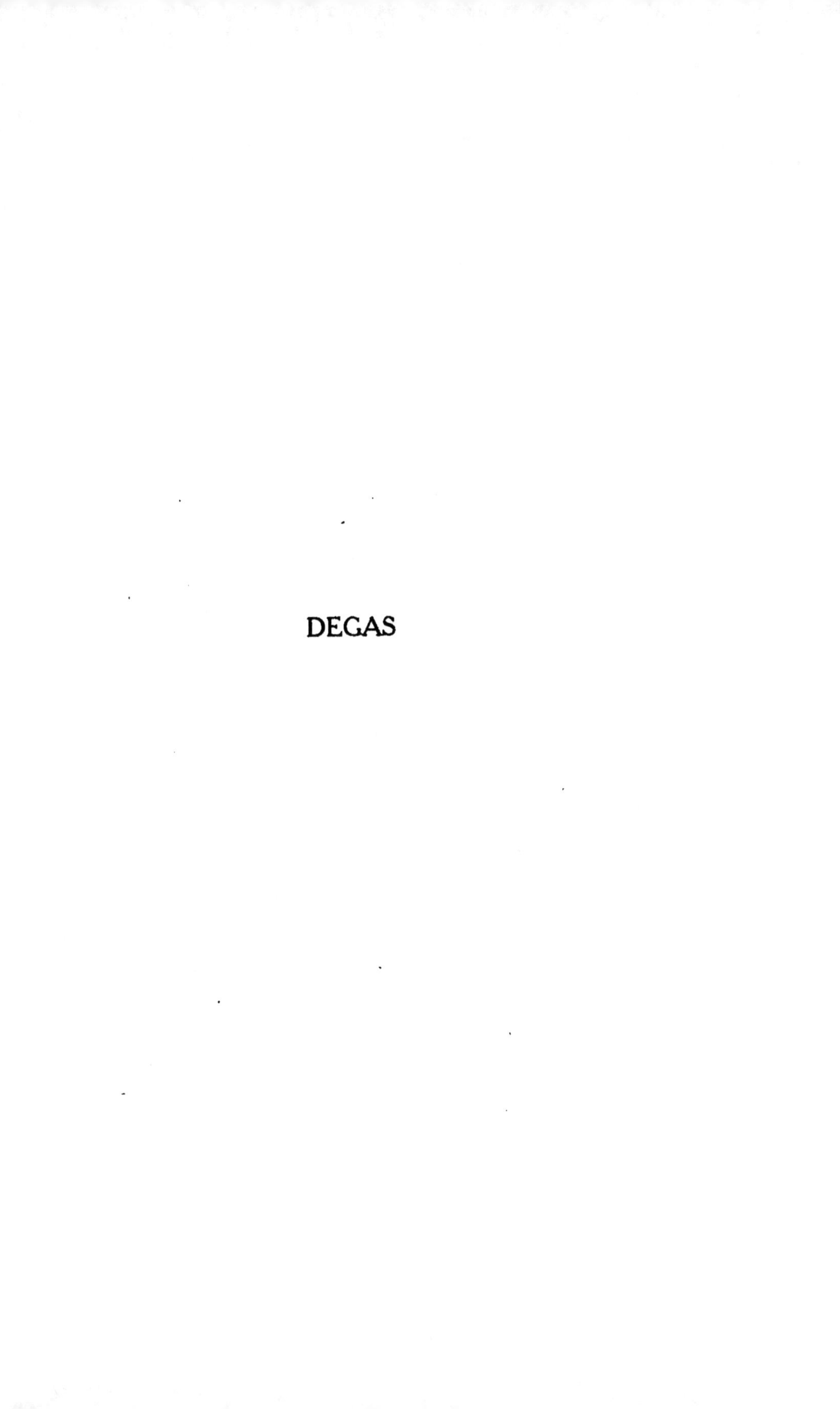

DEGAS

DEGAS

Un auteur que je connais aussi bien que moi-
même a publié un livre consacré à ce peintre
pompier et « moderniste ». Je reviens sur ce cas ;
car il est vivement intéressant

On me dit : « Allons ! ne vous appesantissez
pas sur ce Degas, d'abord mal parti avec ses compositions historiques ; et ne voyez en lui qu'un des
peintres de la vie moderne, — une sorte de pré-
curseur tout de même ! »

Soit !... Notons seulement — et définitivement
— que les conservateurs de nos musées — ces

indécrassables cuistres — n'achetèrent, aux ventes Degas, que les lamentables « pannes » inspirées par l'histoire ancienne et la préhistoire.

Mais, c'est entendu, tenons-nous en au peintre de la vie moderne. Quels sujets a-t-il représentés, d'abord ?

Des blanchisseuses et des repasseuses ? Tous les sujets étant à représenter, Degas fait-il oublier Daumier ?

On sait ce que ce dernier a « tiré » des blanchisseuses de l'île Saint-Louis, qu'il apercevait de la fenêtre de son humble atelier. Des fantômes de haute allure ; des femelles devinées au poids des jupes et que de pesants sacs de linge ployaient. Des visions de nuit sur des fonds de maisons. Comme des « remontées » du fond des eaux de blocs mouvants et confus... Et ces femelles traînent encore des gosses accrochés à la jupe, au tablier, à un coin du sac de linge. Et les fonds sont en silhouettes, avec des yeux éteints. C'est la nuit, la fin de journée ; le travail monte des berges au repos.

Degas prend le même sujet et en fait des illustrations pour un roman de Zola ; c'est le même réalisme terre à terre, sans aucun lyrisme. C'est de l'image de calendrier ; c'est de la photographie directe, de l'anecdote étroite. Degas n'entre même pas dans la boutique pour en saisir l'ensemble : les repasseuses injuriant de mots obscènes les devants de chemises d'homme ; le mari de la patronne, étalé sur une chaise, tournant ses pouces ou ronflant. Il passe devant les vitres ; il jette un coup d'œil ; il a cru voir, cela lui suffit ; et il rentre chez lui pour dessiner de *chic* ces repasseuses qui lui font peur.

C'est qu'il est, au demeurant, une sorte de tabellion pète-sec, couard, — un bourgeois timoré. Ruskin aurait reniflé les jupes de ces femelles travailleuses ; Degas, lui, est trop, trop peu curieux pour oser seulement s'en approcher ; — et il s'en tient à ces courtes images, à ces pauvres croquis qui enchantent les amateurs.

Chez les modistes, Degas veut peindre tout un salon ; et il reste encore sur le seuil. Il sait qu'il est incapable de faire un « portrait » de modiste, un véritable portrait ; il tient au *tableau* proprement dit ; mais il n'ose pas encore pénétrer dans cette volière, où jacassent et piaillent première, vendeuse, la patronne et la bête redoutable, orageuse, agressive, féroce : sa Malfaisance La Cliente !

Et, simplement, sans esprit, sans grâce, sans ce tour de doigts de la vendeuse, qui vous fait tout d'un coup crier de plaisir, hennir de joie, à la voir ployer un fil de laiton, le dresser, l'assouplir, Degas dessine et il peint des galurins vulgaires, sots et pesants. Est-ce donc là une des prouesses du vrai peintre de la vie moderne ?

Maintenant, voici le Cirque ; c'est-à-dire toute la drôlerie, toute la fantaisie, toute la souplesse, toute la force de l'Homme et de la Femme. Voici

les chevaux, les singes, les chiens, les lions, les
éléphants, tous les animaux. Contemplez la témé-
raire, la belle Mauricia de Thiers et le génial
Little Tich. Accourez danseuses de corde, clowns,
écuyères ! Qu'ils se redressent les ronds de papier
qu'on crève ; qu'elles voltent et virevoltent les tor-
ches en feu des jongleurs et des antipodiens ! Ba-
lancez le trapèze volant et roidissez la barre fixe.
Et, là-haut, la musique fracassera, rotera, éruc-
tera des borborygmes, des fla et des ra.

Tout ce tapage, toutes ces lumières, toute cette
chair vivante, ardente, toutes les odeurs de la sueur
des muscles et de la fange des bêtes, quelle fré-
nétique valériane pour un vrai peintre de la vie
moderne ! Nuits du Paris actuel et de la Rome
d'hier. Degas plonge dans ce chaos, dans cette
ivresse, dans ce fond d'enfer, dans cet abîme où
tourbillonnent toutes les tempêtes ; — et il en rap-
porte un seul, un unique tableau : une acrobate
qu'on hisse — par la mâchoire — vers le cintre !

Et voilà le peintre dont on nous a rebattu les oreilles ! Voilà le légendaire grognon que l'on nous représentait tapi dans son logis de la rue Victor-Massé, à Paris, — et y parachevant d'incomparables et puissantes œuvres ! Voilà l'idole sur laquelle les amateurs de la « première heure » s'étaient jetés comme des poux sur des épidermes mal tenus ! Eh bien ! continuons à la contempler, cette idole !

Elle nous a donné encore des images du café-concert, mais quelles images ! En oubliant de dessiner les vrais portraits, qui eussent été représentatifs d'une époque ; en laissant à Lautrec — son prétendu disciple — le soin de réaliser une œuvre plus aiguë, plus pittoresque, plus complète. Et, pourtant, Degas allait à la Scala, à l'Eldorado, à l'Alcazar d'hiver, à l'Eden-Concert, à la Pépinière, à Ba-ta-clan, à l'Epoque, aux Ternes, et même à Belleville et à la Villette.

Quand venait l'été, on le voyait, aussi fidèle, à

l'Horloge, aux Ambassadeurs et à l'Alcazar d'été, où il bavardait avec le directeur, le brave Ducarre.

Oh ! les chers souvenirs sur ces joyeux cafés-concerts, qui avaient si bien l'air d'établissements de bains très calmes et très roses.

Une idée charmante avait décrété leur installation dans les fleurs, au milieu de pelouses très anglaises.

Aussi bien, faire revivre, par exemple, les trois concerts d'été des Champs-Elysées, c'est donner des décors et des fonds plus caractéristiques aux croquis et aux pastels de Degas.

Croquis d'hier. Joyeux pastiches pompéiens que complétaient le saule et la vasque! Bonnes auberges de la route pour le promeneur qui passait ; où du plaisir pouvait se prendre mêmement dans l'enclos d'un spectacle en plein air, devant des boissons fraîches et sous la gaie ribambelle des globes tout blancs qui luisaient si doux !

Sous les grosses boules des arbres, dans ces odorantes pelouses, dans cette amoureuse avenue des soirs roses, l'invitation à entrer était déterminante, certes, tellement était plaisante, de discrète intimité, — d'on ne savait quel lupanar d'ailleurs — l'entrée avec son petit arc de globes, l'attrait du treillage, sous le lourd dais de verdure ; — et encore cette joie était, dès le seuil, des chapeaux jolis des femmes, — la présence de la Femme ! — dans le flon-flon folâtre de la musique, au bout du hangar-parterre, dans l'atmosphère de lumière si délicieusement attiédie, qui mettait de la moiteur aux chairs, qui dégageait l'odeur des bienfaisantes ablutions. Et, chez les filles aussi, tout de suite, cet orgueil si doux de plaire, d'être à tous, d'être l'idole des étreintes chèrement tarifées et en même temps l'amoureuse des foules, et d'être, n'est-ce pas, le spectacle, l'unique, à vous faire oublier pléinement tout le reste ? — si plaisant recommencement, enfin, dans la continuelle même chose des entours !

Exquis paysage de fleurs et de femmes ! Il n'en était pas ailleurs de plus rares. A la fin d'un bel après-midi, quand le ciel était devenu rose, quand il y avait un peu de silence tombé là, ces architectures et ces pelouses — cariatides ioniques sur péristyle dorique et frontons anglais, avec des corbeilles de fleurs, avec la luminosité des tons de nature avivés de la fraîcheur tiède du dais des arbres, — ces architectures et ces pelouses composaient un adorable paysage de caractère cosmopolite, à ne savoir où le ranger dans la catégorie des clichés connus, dans le catalogue des paysages poncifs de la Planète, affirmaient peut-être, le plus souvent, une architecture d'un Hellespont bouffon, dans des jardins d'outre-Manche.

Certes, on pouvait concevoir également une architecture qui eût été tout autre ; une architecture de guinguette par exemple, une chose légère, dont le bois découpé, taillé, arrondi, biseauté, eût fait presque tous les frais ; une architecture svelte, décorée de faïences, recouverte de toits multicolores juchés au bout de colonnettes très minces ; mais cela eût-il été comparable à l'aspect thermal de ces concerts ? à la synthèse : restaurant et maison suspecte, présentée, édifiée avec la déformation d'une architecture qui semblait immuablement solennelle : l'architecture de l'Hellade ?

Des matinées, du soleil sur ces pelouses, et l'intimité était charmante, voisinait avec l'aspect joli, le soir, des globes blancs allumés dans les branches.

La fontaine glougloutait, des pigeons volaient parmi les fleurs ; approchiez-vous, on voyait aux fenêtres des cafés-restaurants des femmes à leur toilette, une toilette qui durait et s'étirait, le lever de paresseuses femmes qui s'attardaient en d'interminables nonchalances et repos ; et, dans la coloration tendre des façades, l'éclair si frais du linge blanc d'une femme passait, apportait comme le réveil de charme d'une villa, dans des buissons de lauriers-roses et de grosses fleurs épanouies.

Des soirs, des soirs encore !

Il y avait des fois où c'était la grande parade des filles, quelque chose comme le congrès du putanat, comme le défilé des déléguées des quatre coins de la France, les députés-femmes, on eût pu dire, pour la tâche des ruts ; et toutes, si inouïes à les voir en leurs allures superbes de bêtes de la noce, avec leurs merveilles de maquillages, avec de persuasifs sortilèges de gestes et si hautainement impudentes, fières tellement d'elles-mêmes, casquées de lourdes toisons et animalement agressives.

Sur leurs nerfs, leurs pauvres nerfs, les musiques promenaient leurs archets ; faisaient vibrer ces torses, ces croupes si bellement évasées, où il y avait des frémissements, des remous, comme des remuements de folies anciennes. Et sur les poitrines, les belles poitrines blanches, s'érigeait l'impassible rondeur des seins, éperdument tendus, rigides, — orgueil des actives et stériles amours.

Musique si folle au reste en tous concerts. Ces musiciens dont on ne pouvait chasser l'idée de consommateurs plaisants s'amusant à pomper leurs boissons avec des tubes de cuivre et des chalumeaux de bois.

Il convenait, certes, de retenir leur grave labeur d'aider à la niaiserie des couplets par la niaiserie des airs, par le tonitruant flon-flon des basses ou le sifflement aigu des flûtes. Dans les reprises des refrains, surtout, c'était de l'imbécillité qu'ils enfonçaient comme des coins dans les crânes, à coups de grosse caisse et de heurts de cymbales. Puis le concert continuait avec de la tempête enjolivée de fioritures, avec de la charge orchestre, de l'hilarité entraînante, de la musique retour de fête suburbaine, d'actives, courtes et multiples reprises

de tonnerre, avec des couplets scandés, appuyés
par des audaces d'instruments, par des sonorités
très denses, par des piaillements bien aigres. Et la
variété était ; les airs se suivaient, se mêlaient, s'ac-
tivaient ; cependant que le chef d'orchestre, chauve
le plus souvent, accrochait sur son crâne la lui-
sante rondelle d'un jet électrique, que l'on proje-
tait sur la scène.

Et ceci, justement, était encore parfaitement
approprié : l'éclairage violent du salon de lupanar
ou de la terrasse-jardin aux fleurs débordantes.

Pour la plus complète réalité de ce lupanar
ouvert, on regrettait seulement la disparition déjà
accomplie des poseuses qui, rangées en éventails,
se tenaient assises sur la scène, pendant le défilé
des « tours de chant ». C'était mieux, certes, et
il y avait en moins la prétention de retenir le public
avec une seule chanteuse. C'était comme le salon
de ces dames, décemment vêtues pour la parade ;
et des types divers amusaient ; le hasard alignait

des filles de tout gabarit, comme aux logis clos si bénévolement hospitaliers.

Ah ! l'heureux temps du café-chantant, — l'heureux temps où partout il prospérait ; — l'heureux temps où l'on pouvait voir et entendre tant de « vedettes » ahurissantes !

La pointue Yvette Guilbert, avec son profil de rate, si amère, désarticulant et articulant les syllabes de ses chansons acides ; Paulus, gambillant, Napoléon du caf' conc', — Paulus qui lançait aux nues les échos du boulangisme ; Judic, grassouillette, et pétillante d'esprit des orteils au vertex ; Kam-Hill, à l'habit rouge, disloquant sa diction rebondissante ; la Duclerc, hallucinée épileptique ; Polaire, ruant sur les couplets de son « Hildebrand » ; et la Fougère, femelle incendiée et trépidante.

Etait-ce tout ? Paula Brébion, encore, enfant jolie, zézayait ; et la turbulente Bonnaire offrait, avec ses seins plantureux, la grasse moisson de ses chansons. Puis, c'était la Dufay, tout en fer ; la grosse Demay, la capitonnée Anna Thibault, que l'on surnommait la Patti des blanchisseuses. Et il y en avait tant d'autres : Edmée Lescot, l'Espagnole ; Nini Buffet, « traîneuse de fortifs » ; Jeanne Bloch, qui faisait craquer sous ses fesses et ses pas pesants la scène de la Scala ; Mary Hamilton, en habit et culotte courte, — ce gommeux ! (comme on disait alors), salace et *copurchic* ; Caudieux, le gras Caudieux qui bondissait au Petit Casino ; Plébins, le loustic — et Clovis, l'effarant. Tout à côté, les poivrots larmoyaient gaîment : Marius Richard ; Bourgès (*Les pioupious d'Auvergne*) ; Mathias ; Polin le tourlourou. Et vous souvenez-vous de Mlle Abdala, si maigre qu'on comptait tous ses os ; d'Ouvrard, qui était Boquillon lui-même ; de Maurel, si ahuri qu'il en était « ogival, transversal, cucurbital, imbécinal, tergiversal et moutardinal ! » grasseyait Polin ?

Et tant de noms encore — et enfin ! — que j'oublie ! Car « ils étaient trop alors », comme les Anglais et les Prussiens, à Waterloo.

Or, qu'a-t-il fait de tous ces pîtres, Degas ?... Sans doute, dans ce domaine, il est assez souvent curieux, attachant. Il a dessiné, pastellisé quelques aspects de caf- conc', — quelques gueules canailles, quelques caractéristiques gestes et quelques pittoresques gambades. Mais, c'est encore du travail fait à l'atelier, de *chic*, trop de *chic*.

Pour les chanteuses de cafés-concerts, Degas, peut-être, eût pu réaliser de caractéristiques portraits, s'il n'eût préféré encore — par amour du poncif — s'en tenir à des visages tout faits ; — visages qu'il « enlaidissait » toujours, mais sans observer attentivement et scrupuleusement chacune des chanteuses qui posait devant lui.

Cependant, quelle tentation de dessiner vraiment une Paula Brébion, une Bonnaire, une Amiati ou une Thérésa ! Voyez comment Lautrec a interprété, lui, Yvette Guilbert. Quelle suite de lithographies pointues et uniques !

Ah ! j'en veux à la paresse, à la nonchalance de Degas, quand je songe à l'étourdissante gaîté de cette Bonnaire, au cran de Paula Brébion. Sans doute les chanteuses dessinées par Degas ont une vulgarité parfois éloquente ; elles ouvrent une bouche en trou de four et elles miment de singuliers gestes ; elles sont souvent bien dans la « gouape » du texte idiot qu'elles chantent ; — ces textes que tissaient, dans des sous-sols de cabarets, les Blondelet, les Sermet, les Gabillaud et les Pradels. Sans doute, aux Champs-Elysées, le soir, sous les globes lumineux, Degas a réalisé des gueules de ventouseuses, des visages aux crins ébouriffés de guenipes soulardes ; certes, il a su nous présenter des filles dont les yeux sont acides et les nez en trous de puits ; assurément — et il eût été bien coupable en ratant cela, — il a reproduit des gestes de mains qui ouvrent d'imaginaires

braguettes et redressent des hampes ; enfin, il a
été, quelquefois, bousculé, violé par la nature, un
puissant photographe de trognes de fonds de meu-
blé ; mais je le répète, une Brébion, une Bonnaire, c'étaient, elles, des Majestés du café-chantant, des Impératrices de la chanson ; et les dessiner, les peindre, dans tout leur caractère, ah !
quels visages à dresser, à glorifier, à planter devant
la niaiserie béate d'une Joconde !

Lui, Degas, qui employa le pastel ou l'huile,
louons-le, ici, d'avoir le plus souvent, pour ces
chanteuses, usé du pastel de préférence à l'huile.
Il a pu ainsi « sabrer » des hachures, échapper à la sévère correction qui le reprenait
toujours de ses peintures. Il a eu ainsi parfois
des audaces subites de dessin et de couleur. Il
écrasait le pastel friable, il le promenait sous son
doigt, il revenait en traits de force, il soulignait
une tare, un stigmate, une ride ou un pli profond ;
— ce qu'il n'aurait jamais osé avec la palette, —

la palette sacrée qu'il tenait de ses anciens maîtres.

Le crayon qui creuse, le pastel qui, du coup, accuse son accent, c'est avec ces deux moyens-là seulement, en effet, qu'on pouvait retenir, fixer un épileptique moment de la chanson que secouaient de la croupe une Mlle Violette et une Mlle Gillette. Ah ! pourquoi ? pourquoi Degas ne nous a-t-il pas laissé les véritables portraits de ces deux Paulus-femelles ?

C'est que, j'y insiste, Degas « reprenait » tout à l'atelier, froidement, sagement, ne comptant que sur son métier, bien appris, pour se tirer d'affaire ; tandis que Lautrec, par exemple, avec quelle divination, avec quelle sûreté, il silhouettait, sur place, ses définitives, ses caractéristiques arabesques.

Oui, c'est un fait acquis : Degas aima trop l'atelier — et le travail *de chic*. Ainsi, habitant en face du bal Tabarin, il me conta une fois — en s'en vantant presque — qu'il n'avait jamais mis les pieds dans ce bal agité. Et, comme j'en restais tout ébahi, — car, enfin, j'avais devant moi un « peintre de la vie moderne » — il m'avoua — ô Guys ! — que n'importe quel « modèle » pouvait poser en repasseuse ou en chanteuse de café-concert. Et cela, c'était *son* affirmation présomptueuse.

Nous voilà loin, n'est-ce pas, de l'observation sincère et directe sur nature ? et cela nous ramène au temps où les modèles italiens — hommes et femmes — attendaient, autour de la vasque Pigalle, le moment d'aller — chez un peintre académique — figurer le père Anchise, une Cérès, un bandit de la Calabre ou un moissonneur à la manière de Léopold Robert.

Degas ne cachait point du reste sa méthode de travail. Les racines de l'académisme étaient chez lui trop profondes pour qu'il pût se libérer entièrement, absolument, marcher, enfin, net de toute entrave, et n'observer que la vie, toute la vie, coûte que coûte. J'ai pensé souvent que s'il eût écrit, il eût puisé toutes ses observations dans ces gros dictionnaires qui contiennent tant de sottises ; et maintes fois, d'ailleurs, aux dernières années de sa longue existence, ne lui arriva-t-il pas d'appeler les filles de son quartier : des « lorettes » ?

Au fond, comme il détestait la vie moderne dans ses inventions les plus neuves, les plus aptes à tout modifier ; comme il sacrait sans cesse contre l'électricité et tout le machinisme ; comme il exécrait un train-express ou, simplement, un ascenseur, fût-il le plus lent et le plus sûr ; je ne vois pas trop pourquoi Degas ne s'en est pas tenu à des peintures de tout repos, à des dessins conventionnels, le tout réalisé entre les quatre murs d'un atelier à l'abri de tout, silencieux et endormi, dans une rue morte ; — quelque chose, par exemple, comme l'atelier de feu Jean-Paul Laurens, rue Cassini ?

Voyons, à présent, comment Degas a interprété les chevaux de courses et les jockeys.

Disons-le tout de suite : malgré le cheval-mannequin qu'il avait tous les jours sous les yeux, dans son atelier ; malgré les croquis pris très certainement à Longchamp, Degas n'a jamais su dessiner ni un cheval ni un jockey.

Je sais, je sais bien que les rats de bibliothèque, conservateurs aux estampes et autres écrivains en chambre le louent, au contraire, sans hésitation, d'avoir « magnifiquement représenté les pur-sang et les cavaliers (*sic*) qui les montent », en nommant, pour le surplus une casaque *une veste* et une toque *une casquette* ! Mais cela me laisse totalement impassible.

Les chevaux, dessinés par Degas, sont des chevaux d'attelage, — et les jockeys, des cochers de fiacre !

Je sais, je sais encore aussi bien que quiconque — cela m'a coûté assez cher pour l'apprendre ! — qu'avant la venue en France du singe américain Tod Sloan, les jockeys montaient *long*, c'est-à-dire les jambes descendues. Mais, cependant, cela n'allait pas jusqu'au rigide enfourchement d'une pincette. Chez Degas, ce n'est même plus une pincette, c'est l'à-califourchon d'un cocher qui ramène son cheval à l'écurie ; et le pur-sang, avec une corpulence pareille, dans cette forme-là, parcourrait les 2.000 mètres d'une course en dix minutes bien comptées. Jockey-cocher et pur sang-cheval de coupé. Donc rien à voir, à première vue, avec les véritables courses.

A seconde vue, comment qualifier des tableaux aussi indigents ? Mais la photographie, la merveilleuse photographie donne des ensembles autrement impressionnants, autrement mieux composés que les peintures de courses que nous a encore « coupaillées » Degas. Car, on sait qu'il aima couper ses personnages, ses décors, jusqu'à produire chez l'être le moins sensible un agacement durable. Ce sont ces « coupures-là » que les thuriféraires appellent quand même

« une suite d'inventions picturales touchant au génie ! »

Lisons maintenant les titres de ces peintures ou pastels.

Un premier titre, par exemple : *L'entraîne-ment.*

Vous croyez, peut-être, que c'est un groupe de chevaux, montés par des lads, et galopant dans une allée d'Achères ou de Chantilly ? Non, ce sont des chevaux au repos, ne sachant que faire, et montés par des hommes pesant au moins indi-viduellement 80 kilos et vêtus en tenue de course ! Quelle vérité ! Cela n'empêche pas les rats de bibliothèque de déclarer unanimement : « Ce ta-bleau-là est encore parfaitement observé ! » Simple-ment !

Un second titre : *Avant le départ !* C'est le même groupe de chevaux aux jambes raides, les uns la tête basse, les autres s'enlevant péniblement, tandis que les jockeys devisent entre eux, tranquillement, comme au bar. Bien entendu, pas de starter en vue ! Cela est encore de la meilleure observation !

Troisième titre : *Faux départ !* un cheval galope, « ventre à terre » comme disent les « pelousards ». Mais, à défaut de l'observation patiente et directe, la précieuse photographie n'a donc rien appris à Degas ? Il est ridicule, allons, de s'en tenir toujours aux courses dessinées par Géricault et les imagiers anglais ; ces courses où le galop des chevaux est représenté par les jambes antérieures allongées parallèlement en avant et par les jambes postérieures allongées en arrière dans le même parallélisme inflexible.

Tout, dans cette série des courses que nous devons à Degas, est de la même saveur.

A l'opposé, Lautrec est encore, occasionnellement, dans ce monde contrasté des courses, un véridique et singulier interprète des chevaux, des propriétaires, des entraîneurs et des jockeys.

Au demeurant, Degas ne récolte que ce qu'il mérite. Amoureux du *chic*, il lui arriva de faire poser des « modèles » et d'autres jeunes femmes camouflées en jockeys. Rien n'est plus visible. Moins heureux que Cézanne, qui, privé de « modèles » à Aix, peignit quelquefois des nus d'après des gravures du *Magasin pittoresque*, — aventure de peintre que l'on n'eût pas connue; s'il ne l'eût pas lui-même divulguée ; il a lourdement laissé voir, lui, Degas, sa supercherie.

Par contre, un nouveau venu, pourrait-on dire, en pensant à l' « ancêtre » Degas ; — un jeune peintre — qu'il me plaise de le nommer, ici, en passant, Raoul Dufy, a, du monde des courses, tiré, comme Lautrec, d'extraordinaires et subtiles lithographies.

Ceux qui ont la bonne fortune de posséder ces rares estampes tressaillent de joie à voir avec quel art inattendu, élégant et stylisé, Dufy rassemble, dans un coin de pesage, propriétaires, chevaux, jockeys et filles, — ces autres pouliches de luxe. Rien n'est plus brillant, mieux observé, plus léger et plus fleuri. Une chaise même est dessinée comme un véritable objet du turf. Et les chevaux sont racés, d'une sveltesse musclée, d'une souplesse bondissante. Regardez aussi comment les jockeys sont placés à cheval, comment ils se tiennent, les cuisses horizontales, sur les épaules des pur-sang. Tout est fringant, ici ; tout est observé de la manière la plus aiguë, la plus caustique. Quels vêtements coupèrent de meilleure façon les tailleurs à la mode ? Qui représenta avec plus de verve les singes-jockeys, toque basse, enfouis dans l'enveloppement d'un cover-coat ? Et, pour tout dire, quel est le dessinateur qui, des courses, nous offre, somme toute, œuvre plus charmante et plus significative ?

Degas, trop rapide observateur sur les champs de courses, Degas alla avec plus de ténacité, il est certain, chez les danseuses. Il y alla encore toutefois, avec sa manie de s'en tenir au *déjà vu* ; — parce que, rentré chez lui, il se mettait tout de suite à compléter, à pastelliser des croquis trop vite pris pendant des classes de danse, des répétitions ou en suivant les « variations » des ballets.

Et il eut l'autre manie de vouloir composer encore des « tableaux », lui qui s'était révélé si inférieur dans ses compositions historiques.

Or, ce n'est pas, ces tableaux de danseuses, ce qu'il y a de plus estimable également dans l'œuvre de Degas.

Voyons, en effet, *Le foyer de la danse*. Toutes ces danseuses, dans cette vaste salle nue, composent ce que donnerait une excellente photographie ; rien de plus. Le tableau est correct, figé ; il s'équilibre bien ; mais un adroit photographe eût réalisé aisément la même mise en scène. *La répétition d'un ballet* (sur la scène, dans un décor linéaire strictement arrêté) est du même ordre exact.

Oui, vraiment, il est impossible, devant une

reproduction photographique de ce second tableau, de ne pas penser encore que l'on a sous les yeux une photographie faite directement, les danseuses toujours bien placées par un metteur en scène avisé. *La classe de danse* représente enfin la même architecture ressassée ainsi que les mêmes danseuses, vues comme autant de poupées bien disciplinées, qui savent se grouper au commandement, de la meilleure manière.

Degas, le pastelliste des danseuses !... Ah ! certes, il les a dessinées par centaines, ces filles aux jambes musclées, si le reste ne se muscle pas ! S'il faisait des croquis à l'Opéra, beaucoup de danseuses professionnelles posaient aussi chez lui, même des petits *rats*.

Toutes ces danseuses, petites et grandes, retrouvaient dans son atelier la barre ronde qui fait le tour des classes de danse. A cette barre, Degas se faisait répéter des centaines de mouvements, de gestes et d'attitudes. Aussi il est incontestable que si l'on accorde un intérêt à cette profession de danseuse, personne n'en dévoila mieux et plus avant que Degas, les multiples exigences. Enfin, il corrigea souvent les écarts plastiques dus à la presque seule culture physique des jambes.

Degas était trop, en effet, le fervent admirateur de Dominique Ingres — qui, lui, adora les gros bras et les pleines poitrines, à l'imitation de son maître Raphaël ! — pour laisser aux bras et aux gorges trop de maigreur. Il « s'en tira » en ne musclant pas trop les mollets et les cuisses.

Dans ce nouvel ensemble de son œuvre, ce que l'on ne manque pas de reprocher à Degas, c'est sa marotte qui se perpétue : « l'enlaidissement » des visages. C'est qu'il cherchait toujours si peu à faire des « portraits véritables ». Dans sa hâte de produire, on ne le voit pas, en effet, penché sur une danseuse, — comme Cézanne sur un portrait à peindre. Pendant que Cézanne consacrait une centaine de séances à peindre le portrait de sa propre femme ; Degas hachurait presque une centaine de pastels. On s'explique alors tant de visages toujours pareils de danseuses. Et la « laideur », ainsi que le vulgaire l'entend, apportait une trop courte recherche du « caractère ». Ce qui comptait pour Degas, — ce dont il se satisfaisait, c'était l'éclat, le brillant des chairs qu'offre la danseuse, baignée dans la cruelle lumière des projecteurs.

Souvent, pour tant de mouvements à dessiner — ah ! quel supplice est comparable à la danse ! — Degas se contentait du fusain, qui, dans ses mains, voltigeait, — n'avait plus aucun rapport avec la pointe fine du crayon à la mine de plomb, fignolant un petit portrait à la manière d'Ingres ; et ce fusain, une fois écrasé, entré dans le papier, tachant, griffant, cernant, Degas, parfois, le rehaussait d'accents de pastel ; puis, au vaporisateur, il fixait le tout, — gardant toujours le tenace souci de bien conserver ses moindres dessins.

Un certain nombre de ses pastels témoigne de son désir d'invention. Beaucoup d'autres « commercialisent » ces danseuses. J'entends toutes les danseuses au bouquet, toutes les étoiles saluant, toutes les danseuses qui posent exprès pour l'acheteur, tout le banal, tout le déjà vu appliqué à d'autres « sujets ». Le public, naturellement, est invinciblement attiré vers ces pastels qui deviennent si aisément l'attrait du salon d'un amateur.

Toutefois, soyons juste. Souvenons-nous d'un groupe de trois danseuses, debout devant une glace et devant un mur. On devine, rien qu'à les regarder, que personne au monde — ni professeur mâle, ni professeur femelle — ne tirera jamais rien d'elles, pas le plus petit espoir d'une pirouette à peu près exécutée ; — et cela pince de joie les côtes. Ces trois filles, en costume de danse, — on se demande, en vérité, pourquoi ? — ont l'air si teigne, si mal embouché — et offrent des gorges si creuses, si décharnées, sous des faces si

en gueules de gargouilles, que l'on ne sait, après
un moment de contemplation, ce qu'il faut admirer
le plus : ou le chef d'orchestre qui oblige, le soir,
de telles gouines à sauter — ou ces carcasses qui
se désossent dans un ballet, tout fleuri de violons
et de hautbois ?

Voici un autre pastel, rare. Trois danseuses,
encore, bondissent comme des petites folles ; —
et si deux d'entre elles se croisent les bras, la troisième les élève, en anse de panier, au-dessus de
sa tête. Cette troisième est de face pleine, une
attrape-la-lune ; les deux premières tiennent de
l'Andalouse de Belleville et doivent déchirer à
pleines dents les filandreux hommages des abon-
nés. Ce pastel-là, — comme le précédent — est
du bon, de l'excellent Degas. Par ces pastels-là,
il est peut-être, quoique chancelant, assuré de
vivre quelque temps. Nous sommes loin de toutes
les anecdotes antérieures, concernant ses modistes,
ses repasseuses et ses chevaux de course. Ici —

Dieu en soit loué ! — Degas oublie enfin tout à fait la tradition ; et, délivré de ce joug, il rue, il se cabre devant la nature. Quel dommage qu'à ce moment-là, il n'ait pu recommencer sa vie !...

Ses « Nus », certes, le feront mieux durer.

Degas rechercha de préférence les femmes grasses. Chez ces femmes-là, il n'y a pas tout le temps ce rappel du squelette qui ne peut séduire que les hommes atteints de vampirisme. Lianes élancées, disent-ils ; — mais, en même temps, saillie des os, de tous les os, les anguleux, les ronds et les pointus.

Raphaël, Rubens, Rembrandt et Ingres ont repoussé les jeux d'osselets et les jeux de côtes, détestables également à ces hommes qui, s'armant naturellement, préfèrent les limonières aux haridelles.

Chez la femme grasse, entendons-nous, avec mesure, — et à la chair ferme, cependant, des fossettes se forment un peu partout et capitonnent la chair, comme des sourires d'épiderme.

Puis cette femme grasse, en général, aime l'eau.
Le bain est pour elle un délice. Elle s'y plonge
avec volupté ; elle s'y ébat avec joie. Sans doute,
des villes entières ignorent la baignoire ; mais dès
que la femme parfaitement femme y touche, elle
l'aime en véritable batracienne. Elle se frotte, elle
se savonne, elle se fait rougir la peau avec gour-
mandise. Ces soins-là ne lui coûtent jamais. Et, le
bain pris, tout son corps chauffé et rose, elle reçoit
la douche froide, la pluie, en jouissant. Sur tout
son corps des perles s'irisent. Le poil de son sexe
a la douceur, l'éclat d'une toison de bête mouillée
par la rosée du matin ; — et, le peignoir passé,
commence le lent et amoureux travail de la tête ;
— tout le parfait entretien au benjoin, aux pâtes
parfumées, aux poudres, qui prolonge la beauté.
Splendide éloge du maquillage !

Aussi bien, avec quelle joie un homme amoureux pénètre dans le cabinet de toilette d'une vraie
femme ! Quels cris de plaisir, quelle subite montée

du désir qui les résume tous ! Ah ! rien ne compte
en dehors de cette sorte de galvanisation de tous
les sens ! On peut ne pas regarder une femme qui
mange ; mais celui qui n'aime pas quelquefois
rester un long moment à contempler une femme
qui se baigne — et qui achève ensuite sa toilette,
— de celui-là — comme Guys, disait :

« Tout homme qui n'est pas accablé par un
de ces chagrins d'une nature trop positive pour ne
pas absorber toutes les facultés, et qui *s'ennuie au
sein de la multitude*, est un sot ! un sot ! et je le
méprise ! »

— De celui-là, de cet indifférent au spectacle
de cette femme qui se baigne, j'ai envie, moi
aussi, d'écrire : « Cet indifférent est un sot ! un
sot ! et je le méprise ! »

Quand cette femme se frictionne au gant de
crin, elle fait, en véritable acrobate, tout ce qu'elle
veut de son corps. Elle élève une jambe, dressée
sur l'autre comme sur un pilier ; elle se plie entiè-

rement, ses fesses touchant le sol, les jambes serrées et droites ; elle se penche en avant, ses mains
aux orteils, sa croupe offerte ; elle tient une jambe
horizontalement levée — et elle pivote avec ai-
sance sur l'autre jambe, colonne reposant sur le
sol. Elle fait apparaître ainsi sur tout son corps
toutes les nuances de la chair : des roses, des
rouges, des bleus fins, des jaunes, des ambres
autour du fond des cuisses.

Il y a des plis de chair adorables, des dessous
de tétins tout dorés, des rouges de genoux et des
fleurs de seins d'une qualité unique. Et comme les
nuages de poudre se posent enfin, légers, sur toute
cette peau qui reprend son grain uniforme de
statue !...

Degas a dépensé une telle verve dans la repré-
sentation de ses « Nus » que Huysmans (relisez
ses enthousiastes pages consacrées à Degas dans
Certains) veut absolument qu'il y ait là le fait
d'une tenace cruauté à l'égard de la femme. Verve

outrancière; quelquefois, soit ! Mais Degas n'avait pas les mêmes raisons — littéraires — d'avilir cette amoureuse de l'eau. Huysmans s'en est donné à cœur joie ; mais Degas, plus simplement, s'est contenté de déshabiller son « modèle », de lui faire prendre toutes les poses que le bain et la toilette réclament.

J'avoue que si l'on aime la femme, on se régale de tous ces dos, de toutes ces fesses, de tous ces ventres baignés, essuyés, frottés. Ici des croupes se lèvent, offrant, tout béant, le sexe ; là, c'est une femme assise sur le rebord d'une baignoire qui s'essuie les jambes, pendant que le rachis bombe et que les seins se gonflent comme de petites outres pleines. Ici, une boulotte s'essuie les cheveux ; et sa peau se capitonne, prend les fossettes des cuirs des vieux carrosses. Une autre baigneuse, les jambes ouvertes, reste dans la pose comme une vive batracienne. Une autre encore, couchée sur le ventre, s'écrase et arrondit ses

fesses ; mais serrées, fermées à n'y pas glisser la
main. Celle-ci enjambe une baignoire ; celle-là,
sur ses reins, aplatit une lourde éponge saturée
d'eau. Et toutes ces baigneuses sont peut-être
« grenouillardes » ; mais, à coup sûr, Degas les
a dessinées trop rondes, trop replètes, — et, d'autre part, il a tenu si peu compte des visages ! —
pour voir en lui, décidément, un farouche tor-
tionnaire de la femme.

Même celle qui chevauche un bidet apparaît
comme une batracienne apprivoisée, si sa main
gauche fourrage avec entrain dans la toison. Une
terrible Satane, non pas, comme l'écrit Huysmans ; mais une bonne fille, toute joyeuse, un peu
frémissante de cette eau tiède qui lui réchauffe le
bas-ventre. Et cette autre baigneuse qui s'étire
comme au soleil, est-elle assez satisfaite d'ouvrir
à fond ses jambes ? Une autre fait ruisseler encore
toute une pluie sur son ventre, sourit et se ploie.
Rien n'est plus simple, rien n'est plus le conten-

tement d'une femme à se réjouir de l'eau. En
vérité, Huysmans va loin en invoquant tous les
Satans, toutes les Satanes, les Succubes et les
Incubes, pour commenter ces beaux tétons et ces
larges fesses qui se baignent et plongent — et qui,
le plus souvent, dans un atelier, ne peuvent en
mimer que le simulacre.

Les nus de Degas !... Oh ! Huysmans, c'est
tellement plus simple, tellement plus naturel, une
femme qui se baigne. Je l'appellerais, moi, celle-
là, une batracienne ; et, en bonne part, je vous
le jure ; car je sais, je sais qu'il y a beaucoup de
femmes et de filles qui ont horreur de l'eau. Mais,
n'est-ce pas, d'hier, la religion très catholique,
apostolique et romaine, qui est cause de cela ?
Rappelez-vous, vous, les femmes élevées dans les
couvents ! Il ne fallait pas songer à votre sexe ;
que dis-je ? à peine vous permettait-on d'humec-
ter votre museau. Quelle honte, c'était, dans une
petite ville de province, une femme qui se

làvait tout entière ; et le « bidet » y était in-connu !...

***

En résumé, ces « Nus » constituent le préférable ensemble de l'œuvre de Degas, — dessinateur que l'on a trop exhaussé.

Si j'ai porté la main sur cette actuelle idole, c'est qu'elle est encore toute rayonnante de ses dorures — et de l'effrénée spéculation des marchands. La présomptueuse statue tient encore bon ; mais, qu'on le veuille ou non, elle est déboulonnée. Le temps la remettra sur un socle modeste ; pendant que Lautrec, — le disciple, dit-on, — sera installé, à sa plus légitime place, sur une stèle plus haute et plus noble.

GUSTAVE MOREAU

GUSTAVE MOREAU

Je ne suis ni un Juif de Saint-Pétersbourg ni
un Juif d'Amsterdam ; mais je confesse ici que
j'ai un goût très vif à tenir entre mes doigts les
gemmes plus ou moins précieuses, que l'on appelle
diamants, rubis, émeraudes, saphirs, topazes, cal-
cédoines, sardoines, cornalines, jaspes, agates,
améthystes, onyx, lapis, aventurines, jades, mala-
chites, opales, turquoises, etc., etc...

Leur éclat, leur couleur m'enchantent. Je les
vois posées sur des gorges, sur des bras de femme
— ou jetant des feux au lobe de l'oreille. Mais
si les mêmes pierres précieuses constituent le prin-

cipal attrait d'une peinture, je renâcle et je me révolte.

C'est pourquoi je professe pour la peinture de Gustave Moreau une incoercible aversion.

Et ce peintre n'est pas seulement un joaillier ; c'est encore un céramiste, un archéologue, un mosaïste, un enlumineur, un brodeur ; qu'est-ce que je vais faire de tout cela ?

Je sais bien, je sais bien que si About le raille, en compagnie de Paul de Saint-Victor et de Castagnary ; par contre, Maxime du Camp, Blavet, Lafenestre, Jean Lorrain et J.-K. Huysmans, le louent ; mais — Huysmans excepté — puis-je prendre au sérieux les opinions des autres quatre anabaptistes ? Huysmans, lui, — il me l'avoua à plusieurs reprises — trouvant prétexte à développer ses extraordinaires phrases, n'hésitait pas sur le choix à faire. Il loua donc Gustave Moreau ; comme il se lança de même à encenser un Odilon Redon, un Forain, voire un Rops.

GUSTAVE MOREAU

Les frères de Goncourt célèbrent bien, eux
aussi, dans leur journal, Gustave Moreau. Mais
comment tenir compte encore de l'opinion si peu
autorisée de ces deux bavards, quand on se rap-
pelle ce que le survivant Edmond écrivait, à la
date du 12 mars 1885 (Tome VII) sur Eugène
Delacroix et sur Dominique Ingres :

« Exposition de Delacroix aux Beaux-Arts.
Je n'ai pas d'estime pour le génie d'Ingres, mais,
je l'avoue, je n'en ai guère plus pour le génie de
Delacroix.

« On veut que Delacroix soit un coloriste, je
le veux bien, mais alors c'est le coloriste le plus
inharmonieux qui soit. Il a des rouges de cire à
cacheter de papetiers en faillite, des bleus à la
dureté du bleu de Prusse. Des jaunes et des vio-
lets des vieilles faïences de l'Europe, et ces éclai-
rages de parties de nu avec des hachures de blanc
pur, sont, je l'ai déjà dit, tout ce qu'il y a de
plus insupportable, de plus cruel pour l'œil. »

Toutefois, Edmond de Goncourt avoue ensuite qu'il est « en mauvais état » ; car, à la même date, on peut lire :

« Dans le montage fiévreux de la pièce (la reprise d'*Henriette Maréchal*), dans le coup de fouet des répétitions, dans l'émotion de la première, je n'avais pas conscience de la fatigue cérébrale ; aujourd'hui, elle se fait sentir, et tous les matins je me réveille la tête lourde. »

D'autres critiques de même saumure, quand ils parlent de Picot, le maître de Gustave Moreau, le qualifient assez volontiers de « disciple attardé de David » ; eh bien ! et Gustave Moreau, avec quelle figure se présente-t-il devant nous ?

L'ensemble de son œuvre, où abondent des réminiscences de Raphaël, de Pérugin, de Mantegna, de Delacroix, de Chassériau, de Géricault, de Diaz, d'Ingres et de combien d'autres peintres, n'est-il pas, cet ensemble, tout le labeur surtout d'un forcené disciple de David ?

A voir tous ces bellâtres et toutes ces femelles sébacées, immobiles, implacablement immobiles, même dans l'accomplissement des mouvements les plus vifs de l'anatomie humaine ne songe-t-on pas, irrésistiblement, au Romain qui, dans le tableau de l'*Enlèvement des Sabines*, lance le javelot ? Considérez, encore, de Gustave Moreau : *Hercule au lac de Stymphale*, le Narcisse qui, en levant délicatement une jambe, décoche des flèches d'un puissant arc, — en se présentant le ventre de face, la tête de profil, — et votre rate se dilatera, surtout si vous voulez bien remarquer de surcroît que le héros est entravé par le lourd carquois qui lui pend entre les jambes !

Et, à la suite, quelles figures en cire qui constituent bien le plus étonnant musée Tussaud qui soit ! Quelle mythologie pour maisons closes ! quelle indigente série, quelle quincaillerie de ce

peintre, au retour d'Italie ! Examinons ce qu'il a
pu dérober dans les musées de Rome, de Flo-
rence, de Naples, de Pompéi et de Venise.
Voyons ses panneaux ratissés, poncés ; considérons
les invraisemblables fourbissages de ce « mystique
en cellule ! » (ô Huysmans), — de cet « ermite
qui connaît l'heure des trains ». (Degas).

Une *Pasiphaé*, nue comme la *Vérité*, de
Jules Lefebvre, se tient debout, une jambe levée,
devant un taureau — et dans un paysage dit his-
torique. Cette jeune fille — sans bassin — comment a-t-elle pu engendrer Androgée, Ariane,
Phèdre — et le Minotaure ?

Saint-Sébastien percé de flèches. Un jeune bar-
bon écoute les mauvais conseils d'un ange.

L'Enlèvement d'Europe. Un taureau blanc,
caniche, galope. Nonchalamment appuyée entre
les deux cornes naissantes, Europe médite. Dans
le ciel, un Cupidon lui décoche une flèche. Un
chat-huant l'escorte.

La Chimère. Une jeune fille nue se tient au cou
d'un pommadin, centaure ailé, qui se jette dans
l'abîme.

Œdipe et le Sphinx. Un beau jeune homme,
appuyé précieusement sur un bâton, plonge sans
douleur ses yeux dans les yeux d'une bête ailée, à
visage de femme, qui se raccroche sur sa poitrine
et sur son bas-ventre. Encore une bête en carton
que l'accessoiriste a oublié d'emporter.

Oh ! que j'en aime les commentaires ! (Salon
de 1864). De Théophile Gautier, poète, mais
critique bêta :

« Cet Œdipe est un Hamlet grec ! Le paral-
lèle que chacun établit avec l'Œdipe d'Ingres
tourne tout à l'avantage du jeune peintre. »

De Castagnary, lucide :

« J'avais pris le parti de ne parler ni de ce
tableau ni de ce peintre. Par instinct et par
réflexion, je hais les tentatives rétrogrades... Que
signifie ceci ? Nous sommes dans un escarpement

si étroit que c'est miracle comment les deux personnages peuvent y tenir... Mais la grotte du parc Monceau est plus grandiose !... Chose singulière, dans cet escarpement qui devrait être hérissé et terrible, j'aperçois un meuble de cheminée, une petite colonne qu'on croirait peinte par Desgoffes, le Pérugin des gemmes. Elle supporte une cassolette ouvragée, que Cellini eût pu modeler à ses moments perdus... Cet ornement de cheminée a son pendant dans un petit arbuste, que, malheureusement pour la symétrie, l'auteur a négligé de mettre dans un vase de Sèvres... »

De Maxime du Camp, ce cuistre «hénaurme!», disait Flaubert : « Je ne puis que m'incliner — et admirer, car voici enfin une œuvre où la pensée est égale à l'exécution... La composition y a je ne sais quoi de hiératique et de mystérieux qui lui constitue à première vue une originalité saisissante... Les accessoires sont d'une élégance rare et ont été créés évidemment par une imagination nourrie de recherches, et qui voit l'art partout où il peut se trouver, aussi bien dans un bijou que dans une statue, dans une arme comme dans un tableau... »

Jason et Médée. Deux androgynes à la promenade. Des chairs en suif raffiné. Une colonne ouvragée. De la peinture pour « invertis ».

Les critiques se révoltent, enfin (1865) :

« La critique devrait se couvrir de cendre — écrit Lagrange — et endosser le sac de la pénitence, si les pointes aiguës dont M. Moreau a parsemé ses nouvelles œuvres ne composaient pas un cilice suffisant. Ce ne sont que détails agressifs, couleurs assiégeantes, objets destinés à forcer le regard, un clinquant qui s'empare de l'œil, un luxe de bibelots qui s'y casernent... »

De Paul de Saint-Victor :

« Ce disciple tourne à l'écolâtre...

« Quel raffinement tourmenté ! quelle subtilité laborieuse ! que d'efforts pour contrefaire le

pédantisme naïf et naturel de la Renaissance...
Tout cela donne l'idée d'un thème grec péniblement translaté en dialecte toscan du XIV° siècle. »

De Paul Mantz :

« Les personnages sont insignifiants et mesquins. Les accessoires sont peints avec un soin extrême, quelquefois heureux, bien qu'il y ait dans ces détails un peu de puérilité et beaucoup de calligraphie. M. Moreau réussit moins à peindre les chairs. Sa manière présente à la fois quelque chose de pénible et de lâché... Tout cela est plein d'inquiétude et de trouble... parce que M. Moreau n'a pas digéré les aliments qu'il a absorbés... De là un art si maladif qu'il ressemble à un art mort... »

Le jeune Homme et la Mort. Un joli garçon nu, tenant de l'acrobate et du jongleur ; une Mort coquette et se balançant au milieu de mille détails saugrenus. Un dessus de boîte pour Siraudin.

Orphée (Salon de 1866). Une jeune femme se penche sur une lyre, qui supporte la tête d'Orphée, en carton-pâte. La jeune femme est en robe de bal. Sa douleur l'a changée elle-même en statue de cire.

Hésiode et la Muse. Nous sommes encore en pleine joaillerie. La Muse s'est endormie. Hésiode, découragé, ne chante plus. La quincaillerie est ici toute dorée. Tout cela fait bêler un sieur Jahyer (1866) :

« On ne peut rien rêver de plus poétique que cette scène muette entre ces deux personnages. On passerait une heure à songer devant elle... Les plus grands maîtres seuls ont fait aussi bien. »

Hésiode et les Muses. Cette fois, la ménagerie est au complet. Hésiode, tout nu encore, des Muses debout, à genoux, partout. Un cheval, des cygnes, des arbres, des rochers, des gemmes toujours. Hésiode offre son corps un peu anémié aux Muses suppliantes. Décor érotique pour un Chabanais de choix. La peinture, nous dit-on, est inachevée (*Musée Gustave Moreau*). Le peintre lui-même, s'est vomi !...

Le Poète et la Sainte (1869).

Le nommé Lafenestre, à propos de cette ridicule enluminure, fignole :

« *Le Poète et la Sainte* semble une miniature détachée d'un précieux manuscrit du XVe siècle, amoureusement caressée par le fin pinceau d'un grand maître inconnu, tant le poète agenouillé est jeune, enthousiaste, extasié, fervent ; tant la Sainte, dont le corsage entr'ouvert répand les roses, est poétique, affable et consolante. Certes, l'homme qui fait dans le passé de si splendides rêves n'est point un artiste vulgaire ; on ne perd rien de soi-même à s'égarer sur les traces de si nobles fantaisies, car ces fantaisies sont profondément humaines. »

Les Plaintes du Poète. Un Eliacin tout nu — toujours — se fait caresser le front par une Muse forestière.

Prométhée (1869). Le triomphe du cartonnage

vénéneux ; car, s'il y a un vautour encore vivant qui s'approche sans appétit du flanc du pauvre bougre d'homme, un vautour gît à ses pieds, déjà mort, crevé. C'est d'une niaiserie totale, d'une cocasserie indicible.

« Que signifie, écrit Paul de Saint-Victor, le vautour qui est mort d'indigestion, tandis que son remplaçant se rapproche du flanc du Titan ? L'idée de ces rongeurs de relai est d'une recherche puérile... L'exécution est pénible et tourmentée comme la conception. Il y a de la marqueterie dans ces tons brillants et arides. Cela est fait, défait et refait. Peinture moins à l'huile qu'à la sueur du front de l'artiste. »

« Cette œuvre — dit About — a franchi la limite qui sépare l'excentrique du ridicule. Jamais conception plus saugrenue n'a revêtu une forme plus puérile ; la couleur même a perdu cet éclat qui faisait excuser l'*Œdipe* par les amateurs de faïence. »

8

Europe. Une baladine de cirque, mais à poil, le chignon en tresses de cuir, est transportée sans effort, assise de face, par un Jupiter à corps de taureau, dont le visage, — à la barbe en meringue cannelée — est celui d'un gros jouteur de Nogent. Et voici, sur cette bamboche picturale, ce que Gautier, en 1869, — Gautier, décidément ahuri, — écrit :

« On est d'abord étonné de la tête humaine attachée au corps du taureau. Cette tête humaine ou plutôt divine, de style éginétique, avec ses cheveux bouclés, fait penser aux taureaux ninivites, gardiens du palais de Khorsabad et dépayse un peu l'aventure, qui prend un air assyrien ; ensuite l'artiste, pour souder cette tête au puissant poitrail du taureau, a été obligé de l'asseoir sur un col énorme et monstrueux d'un effet désagréable. Europe a une grande tournure avec la draperie volante qui palpite derrière elle. Ses traits rayonnent d'un tranquille orgueil. Malgré tous ses défauts, l'auteur de l'*Œdipe* n'en est pas moins un artiste d'un goût rare et singulier. »

Léda. La femme, nue, indifférente, arrondit un bras et pose, pendant que le cygne, fatigué, appuie sa tête sur le chignon de la gourgandine. Peinture encore inachevée !

La Fée aux griffons. (1875). — Une femme de ballet aux Folies-Bergère.

Les Rois Mages. Peinture inachevée, encore !

Pieta. Un Christ fourbu, tombé de la croix. Une Madeleine se penche et lui mord les cheveux.

Hercule et l'Hydre. Le bellâtre s'avance, nu, massue en main. Sans peur et sans reproche, il contemple l'Hydre. Des femmes gisent, piquées par les têtes de l'Hydre.

Salomé (1876). La plus vulgarisée des sucreries gemmées de Gustave Moreau. Le roi Hérode, perché là-bas, sous un dais, somnole. Un sieur Yriarte, à propos de cette ballerine, délire et appelle à la rescousse les vocables les plus stupéfiants et les plus absurdes. C'est de l'écoulement de mots, une blennorrhagie d'épithètes. Cassolettes et brûle-parfums. Haschisch et encens. Tout cela dans un décor fou.

L'Apparition. La tête de Jean-Baptiste, coupée, flamboie. Salomé, écœurée, recule.

David méditant. Le vieillard — cet âge est sans pitié — s'endort sur son trône. Un ange s'ennuie à ses pieds.

Jacob et l'Ange. Jacob essaye de se débattre. Mais l'ange lui tâte le pouls, doucement. Il lui recommande le calme.

Et voici *Moïse exposé; Phaéton* (un salmigondis de chevaux, d'hydres et de lions) ; *Galatée* (toute nue dans les fleurs) ; *Hélène* (en promenade sur sa terrasse) ; *Bethsabée* (qui se repose sur une autre terrasse) ; *le Poète Persan* (du Chassériau en délire) ; *les faux Pigeons* (ou deux amants au milieu de vrais pigeons) ; *Samson et*

Dalila (Samson écroulé sur une Dalila en cire) ;
Orphée au tombeau d'Eurydice; voici *Les Licor-
nes;* les *Filles de Thestius* (un entassement de
femmes nues, de cygnes, de colonnes, de statues,
un amas d'accessoires, tout le cartonnage étalé
d'une fin de ballet) ; *Sémélé* (ou la vitrine du
lapidaire) ; etc..., etc...

Et voilà l'œuvre d'un sacré peintre qui, en
léguant son hôtel et ses huiles à l'Etat, a tenu à
perpétuer son nom ! Voilà l'œuvre, à propos de
laquelle Huysmans a bousculé en tas les plus mi-
roitantes de ses épithètes ! Quelle pitié !

Mais ce triste peintre que fut Gustave Moreau
n'a fait que du coloriage. Il a, dans des architectures folles, accumulé des gemmes, piquant, ser-
tissant des accessoires ridicules. A propos de
tout et de rien, que viennent exprimer tous ces
fûts de colonnes, tous ces chapiteaux doriques et
ioniques, toute cette Byzance aussi de music-hall
et de « claquedent » ? Quand Moreau peint des

chairs, il brasse, ponce, ratisse des fonds de baratte. Quand il dessine, c'est une calligraphie niaise et sans vie. Cet homme, répète-t-on, fut un professeur excellent. Professeur de quoi ? Ce n'était même pas un avisé accessoiriste. Car, niaisement, il mêlait tous les styles, toutes les étoffes, tous les arbres. Il imaginait des rochers pointus dans des paysages d'Orient ; il juchait sur des colonnes du Soleil des oiseaux du Septentrion. Entouré d'un bric-à-brac de faux antiquaire, pataugeant dans le carton peint et le marbre imité, il plaçait partout le déchet de ses délires. En a-t-il vendu, ce camelotier, de ces bracelets en toc, de ces ceintures de cuivre, de ces colliers en strass. Hercule lui-même ne s'avance pas au combat sans être paré de toute cette quincaillerie de théâtre. Et ses Salomés, ses belles Hélènes, ses Dalilas, sont-elles assez alourdies de jupes bariolées et de « boléros » de toréadors ? Aussi, à lui-même, le dégoût, le vomissement surgissait-il

rapidement ; et, de là, tant de peintures inache-
vées, tant de compositions avortées !

Un idéaliste, dites-vous, cet huilier qui se répétait sans cesse, qui ne pouvait se libérer de sa ver-
mine, qui enroulait partout des rubans, qui jetait
partout des fleurs, au milieu de brûle-parfums de
bazar ! Un peintre de lupanars, vous voulez dire ;
et encore ses chairs mortes eussent fait reculer
d'horreur les plus déterminés des visiteurs. Il faut
toute l'incohérence qui caractérise notre époque
pour garder même le souvenir de ce peintre mal-
faisant, sombré dans les pires latrines de la peinture. J'aime mieux M. Bonnat ou Detaille. Au
moins ceux-là, — et Dieu sait s'ils sont néanmoins
coupables ! — ils se traînaient dans le train-train
des choses. Ils maçonnaient des portraits ou ils
fignolaient des mannequins à sabretaches ; mais
enfin ils étaient propres et honnêtes ; ils ne salis-
saient pas de nus avariés des toiles ; ils n'étalaient
pas des sacs de pus sous des vocables historiques

ou mythologiques. Or, Gustave Moreau ne con-
fectionna que des picturales ordures, en détrous-
sant tous les musées. Il fut, pour tout résumer, le
fournisseur patenté des Juives millionnaires et de
la Haute Banque !

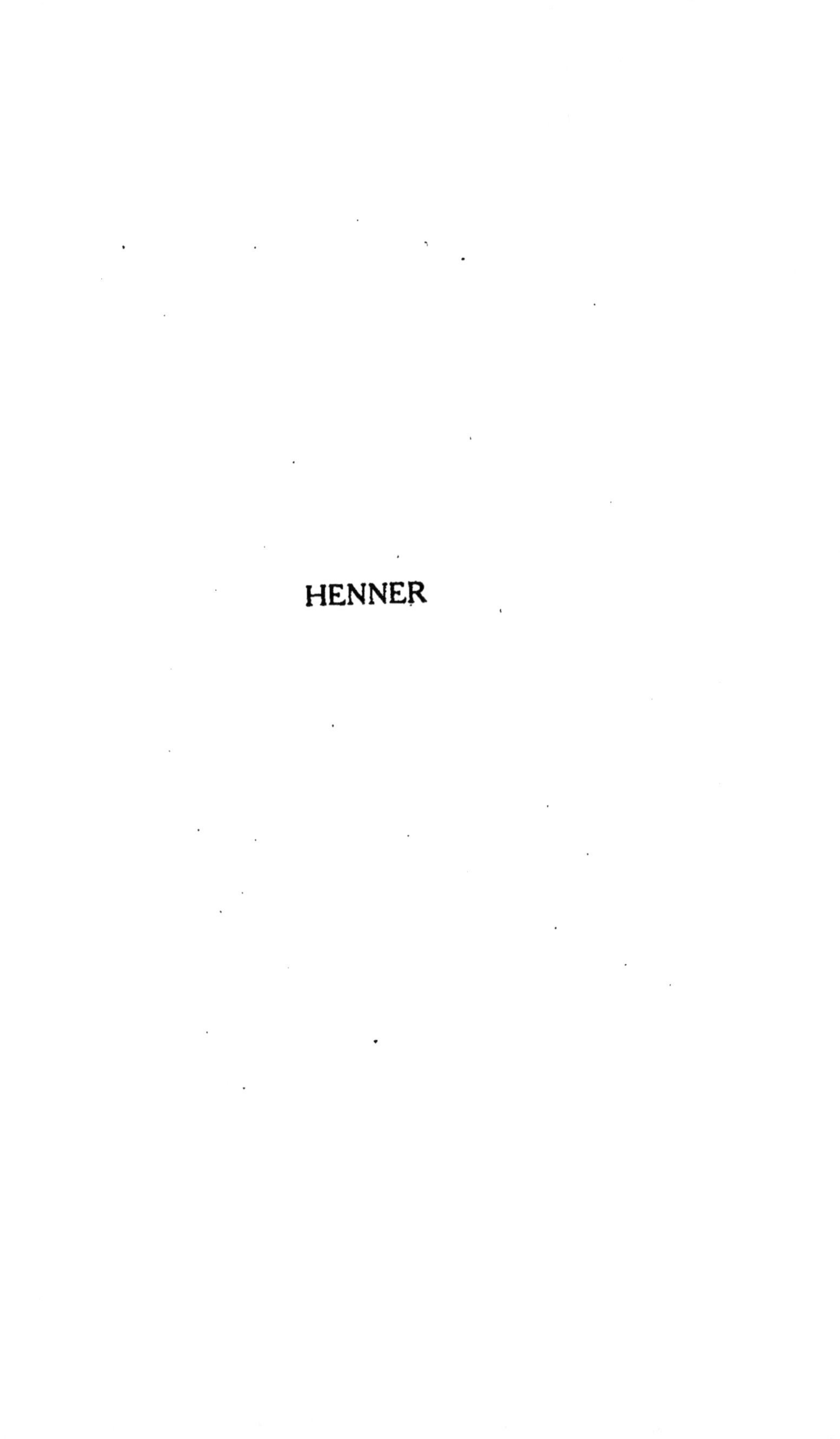

HENNER

HENNER

« — Henner, le peintre qui fait du modelé ! »
répétait Degas. Et, en effet, durant toute sa longue vie (né en 1829 — il mourut en 1905), Henner ne cessa point de lécher et de pourlécher ses
toiles, ne mettant jamais son esprit à la torture,
se contentant de « sujets » sommaires, et peignant
surtout des profils de femme, des nymphes et des
naïades sur même fond de bitume.

Il avait obtenu le prix de Rome, alors qu'il
était déjà un peu usagé pour cette distinction ridicule et vaine. Revenu de Rome, il peint un
Lévite d'Ephraïm, un *Christ au linceul*, une

Madeleine; — puis il se met sans tarder à confectionner, en série, ses nymphes blondes ou rousses, ses portraits de femmes ; — et il s'attache comme un bœuf, à *son* modelé.

Il trouve tout de suite un sot qui le loue d'être à la fois Giorgione, Corrège et Titien, — simplement ! Il y a là de quoi « conquérir » Paris, surtout quand on a, par-dessus le marché — et c'est le cas d'Henner, — « compris mieux que personne » les maîtres allemands Holbein, Schongauer et Dürer ! C'est du moins l'autre louange de Théophile Gautier, décidément hébété.

Henner s'installe, à Paris, place Pigalle. Nous sommes en 1865. C'est là, tout en ratissant et en ponçant ses « modelés », qu'il deviendra membre de l'Institut, qu'il obtiendra, en 1898, la médaille d'honneur, et, en 1900, un grand prix de l'Exposition universelle. Heureux rappels des concours d'animaux gras !

En 1904, — couronnement ! — Henner, élève

des paisibles Drolling et Picot, est enfin, « élevé à la dignité » de grand-officier de la Légion d'honneur !

Henner s'enrichit. Son ambition, c'est d'acheter toute l'Alsace, son pays d'origine.

Robuste, carré, large d'épaules, il abat des portraits comme des quilles ! Il y a bien d'autres peintres dans le quartier : Roybet, Puvis de Chavannes, Gérôme, Pille, Pelez, Cormon, Humbert, etc..., etc... ; mais la fortune s'attache à Henner ; les poètes Armand Silvestre et Sully-Prudhomme l'encensent ; l'Amérique se jette à ses pieds.

Il est sacré : peintre de la Femme. C'est le sacré peintre de la Femme. Il ouvre bientôt un registre pour les jours de pose des femmes du monde.

En vain, Humbert mime des grâces ; en vain Cabanel, Bouguereau, Jules Lefebvre, caracolent ; on ne chérit que le bourru Alsacien qui polit, repolit et blaireaute des chairs blanches, des épidermes de soie; des oreilles de velours; — des yeux en amande » et vos fronts d'ivoire, ô Mesdames de Beausacq. Et quel modelé ! Henner le beurre partout. Peint-il même le jeune Joseph Bara, héroïque tambour des armées de la Révolution ? Pour avoir tout le modelé, tout *son* modelé, Henner étend le petit tambour à terre, tout de son long, tout nu, tout nu, et il ne lui laisse dans la main qu'une baguette, laissant croire que l'ennemi, farouche pillard, a emporté le plus menu détail du costume de l'Eliacin des batailles, dérobant même jusqu'au tambour. Et le spectateur croit ainsi et aussi tout d'abord que c'est une nymphe qui gît sur le dos ; non, c'est bien (*voir le livret du Salon de* 1882) Bara, le jeune tambour !

Du reste, Henner n'aime pas peindre les hommes. Ce n'est pas son rayon. Dans les vastes magasins de la peinture, son coin de vente, c'est

la Femme. Si on le force à peindre des hommes,
il leur donne, malgré lui, des airs poupins, effémi-
nés ; alors, pour un général, par exemple, ça
manque de... virilité ! Il ne faut point, n'est-ce
pas, forcer son talent ?

Mais s'agit-il d'inonder Paris, la France et
l'Amérique, de Léas, d'Andréas, de Picciolas,
de Chiquitas, — ces délicieux profils féminins,
aux cheveux roux, recouverts d'un voile vermillon,
ah ! alors, Henner est un peu là ! Nul ne peut
l'emporter sur lui. Il est le roi, le pape et l'empereur de cette spécialité picturale.

Ah ! ils le savaient bien, tout les premiers, les
modèles italiens qui, autrefois, attendaient la pose,
autour de la vasque Pigalle !

Dans ce temps-là, une tourbe de peintres de
tout acabit habitait dans ce quartier Clichy-Ro-
chechouart ; et, quasi tous, des officiels Salon-
niers ; alors vous pensez si la botte de l'Europe
nous envoyait des hommes, des femmes, des jeu-

nes garçons et des jeunes filles, voire des lardons à la mamelle, par centaines. Et quel ensemble pittoresque, réjouissant !

Et malins, tous ces bougres et toutes ces bougresses-là !

Ils et elles savaient ce qu'il fallait pour chaque peintre. On voyait, assis ou debout, le père Anchise, le sage Ulysse, le bouillant Achille, l'impétueux Ajax ! — et, plus près de nous un moissonneur pour un Léopold Robert ou un Italien en proie à la malaria pour le père Hébert. Côté des femmes, s'offraient des Cérès ou des Vénus, Lucrèce ou une jeune Sabine ; et toujours, toujours, une Graziella, les cheveux roux, recouverts du célèbre fichu vermillon, était là, jetant au loin ses regards sans pensées, — qui attendait le père Henner.

Ordinairement, tout ce monde-là jacassait, braillait, se querellait, usant de dialectes et de patois lointainement italiens. Presque tous, ces modèles, des Napolitains, des Italiens du bas de la botte ; mangeant, buvant là, comme chez eux, sobres d'ailleurs comme des chameaux, se contentant de cigarettes et de gamelles de macaroni qu'ils avalaient prestement.

Et quels oripeaux, quelles couleurs bariolées, sauvages ! Des rouges, des bleus, des verts, des jaunes. Tout cela retapé, rapiécé, troué malgré tout, défiant pluies et tempêtes.

Une sorte de caste à part, tous ces modèles, réglant entre eux leurs différends, ayant constitué un syndicat — avant les syndicats ; liés par une franc-maçonnerie spéciale quant aux salaires, quant à la pose elle-même ; mais franc-maçonnerie qui permettait bien des privautés avec le peintre-employeur, las de peindre et sentant un bouillonnement charnel monter en lui !

Avec le père Henner, rien à craindre de ce côté-là. Si Puvis de Chavannes, le voisin, passait pour être redoutable aux mères, le tout-bourru

Alsacien était, lui, catalogué comme un chaste de tout repos. Les femmes du monde l'avaient dégoûté de l'amour.

Aussi, cette réputation faite, bien établie, le putassier quartier de la place Pigalle ne prêtait plus attention à toutes les Picciolas qui défilaient chez Henner. Du reste, elles ne posaient que de profil ; ou, si elles devenaient naïades au sortir de l'eau, elles ne montraient, au spectateur, que leur épine dorsale et leurs fesses très fermées.

Et Henner, grâce à ce bon commerce-là, achetait tous les jours une portion de l'Alsace.

Bientôt, il fut chargé d'honneurs et de richesses, comme l'âne de La Fontaine. Mais l'homme resta simple, — ne joua, à aucun moment, les rôles d'un Carolus-Duran. Pas cavalier, lui, comme Velazquez encore ou comme Rubens, ah ! non, fichtre ! mais le bon Alsacien, content de son clocher et d'arrondir tout autour un grand, un vaste domaine, représentatif de centaines de nym-

phes, de Graziellas et de duchesses et de com-
tesses.

Et le monde fut encore empoisonné par de la
mauvaise peinture. Car on ne peut vraiment défen-
dre ces indigentes chairs sébacées, ces peaux
d'ivoire — si l'on peut dire ! — tendues sur
d'inexistantes anatomies. Henner a, de son vivant,
hospitalisé la gloire ! Bah ! cette vieille gouge
fut, avant cette aventure, dans de bien d'autres
mauvais lieux. Henner est mort riche, très riche !
Cela est extrêmement naturel, puisqu'il blaireau-
tait de la peinture pour les gens du monde, y compris les mercantis des deux Amériques, enrichis
dans le commerce des vessies de porc et de con-
serves des pampas !... Et, aujourd'hui, côté des
acheteurs et côté des peintres, est-ce que cette
bonne entente ne continue pas ?

Henner, lui, au moins fut à la fois Titien, Giorgione, Corrège, — je l'ai dit, d'après les critiques
d'art — et on l'a redit mille et mille fois. Alors,

pourquoi s'étonner ? « L'honnête homme est celui qui ne s'étonne de rien ! » a énoncé La Rochefoucauld. Dans le cas Henner, soyons donc tous d'honnêtes hommes !...

Si nous déboulonnons tout de même la statue Henner, c'est simplement pour que les bons peintres vivants *vivent*. Car, enfin, s'il n'y avait que de bons peintres, les bourgeois, pour garnir leurs murs, seraient bien contraints de n'acheter que de la bonne peinture ; tandis que, pour l'instant, on sait sur quoi elle se vautre, cette lamentable caste, qui n'a que des yeux déréglés et de la sensibilité de bas-ventre...

Feu Henry Roujon, qui dirigeait autrefois les Beaux-Arts, — pesez-vous toute l'impudeur du quidam qui accepte de « diriger les Beaux-Arts » ? Où et comment ? — feu Henry Roujon se gonflait quand on célébrait devant lui « le maître de Bernwiller ». — « Je marche pour ce grand peintre-là, à coup sûr ! » aimait-il à dire et à redire. Aussi bien, c'était, de surcroît — le croyez-vous ? — le brave général Chanzy (un ami d'Henner) qui le lui avait « sabretachement » recommandé !...

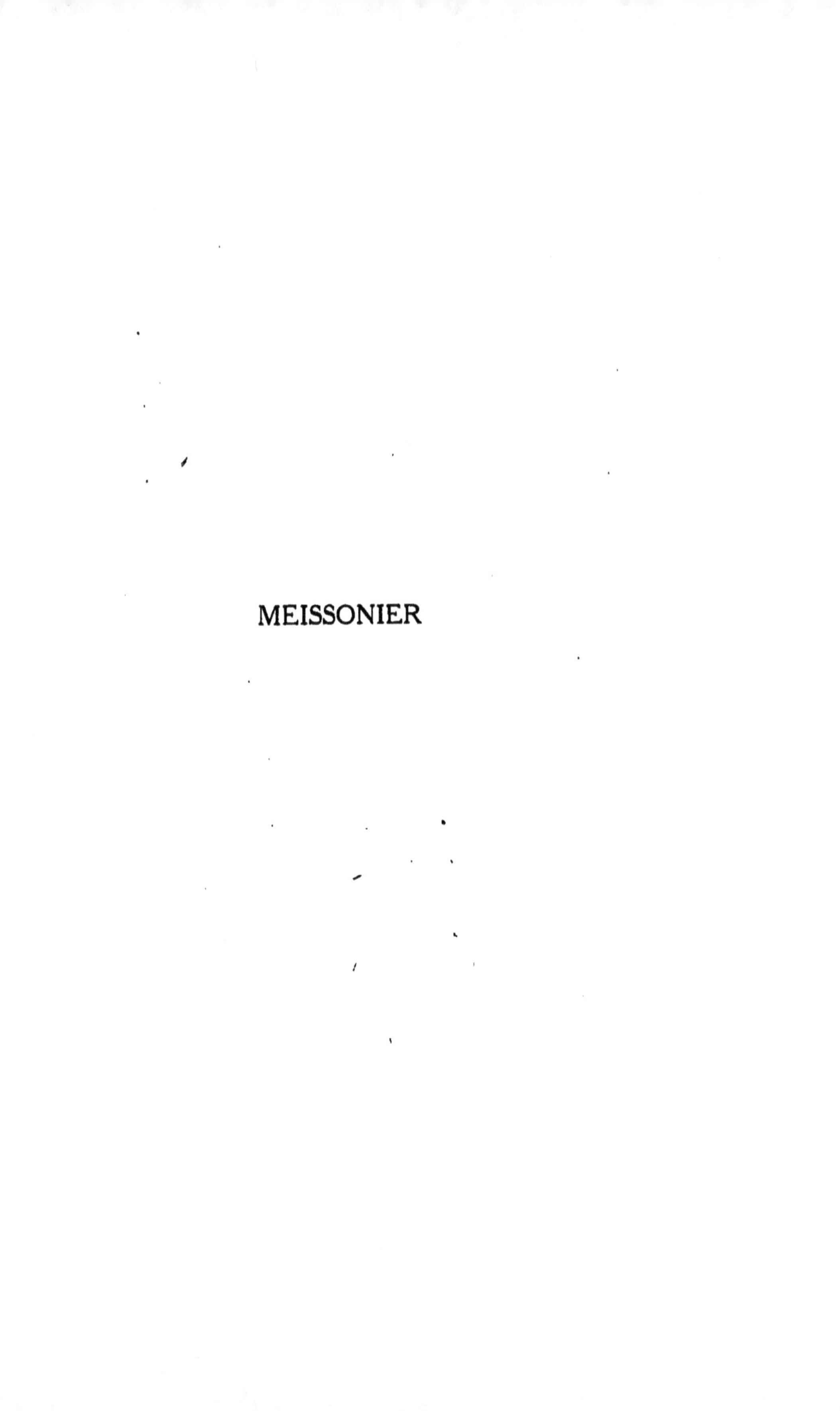

MEISSONIER

MEISSONIER

Ce peintre fut peut-être le choix le plus représentatif de la bêtise illimitée des bourgeois et des
enrichis.

Depuis que la lumière illumine monts et vallées
à une vitesse que ne connaîtront sans doute jamais
les avions les plus rapides, aucune gageure d'ordre pictural, si je puis ainsi dire, ne fut plus
cocasse, plus surprenante, plus accablante, plus
ahurissante que le cas Meissonier !...

Voici, en effet, un homme court, trapu, à la
longue barbe de fleuve, qui a pu, nouveau Gulli-
ver au pays de Brobdingnag, duper, mystifier,

régenter le monde entier, pendant de longues années, en peignant sur des dessus de boîtes à cigares des anecdotes d'une puérilité nigaude, — ou des costumes d'autrefois, militaires et civils, accrochés sur d'inexistants bonshommes !

Mais, sacrebleu ! quand Pieter de .Hooch, Gérard Dou, Wouwerman, Jan Steen, Teniers, Breughel, Metsu, et tant d'autres petits maîtres hollandais ou belges, continuaient de triompher dans. les musées, par tant de chefs-d'œuvre charmants, pittoresques, alertes ! quand tous ces peintres, de verve si primesautière, — .exquis intimistes et excellents interprètes des choses de leur temps, en peignant des personnages, des costumes, des intérieurs, des accessoires qui leur étaient familiers, connus, qu'ils voyaient, qu'ils pouvaient admirer tous les jours ; — quand tous ces petits maîtres, si savants dessinateurs et si précieux peintres, accumulaient, eux, sur des toiles ou des panneaux de dimensions raisonnables : des kermesses, des visi-

tes de médecins, des joueurs de tric-trac, des ten-
tations de saint Antoine, des noces villageoises,
des tirs au papegai, des intérieurs fastueux ou simples, des cuisines, des fumeurs, des buveurs, des
joueurs de guitare, des arracheurs de dents, des
couturières, des chasseurs, des joueuses de luth,
des dentellières, des chasses au cerf, des vendeuses
de harengs, des scènes chez l'épicier ou chez l'apo-
thicaire, des vieux maîtres d'école, des jeunes
violonistes, etc., etc... je le répète : *de leur temps;*
quand tous ces adorables petits maîtres, dis-je,
s'étaient si complètement, si parfaitement impo-
sés ! — comment, par quel sortilège, par quel
miracle, par quelle loufoquerie ou imbécillité
totale, incurable, a-t-on pu prendre au sérieux
durant cinq minutes un huilier de nos jours,
— tant de toupet ou d'inconscience qu'il pût posséder ! — qui apportait, lui, de minuscules
tableaux représentant des costumes de Louis XIII
à Louis XVI, pris au magasin des accessoires —

ou, même encore, des anecdotes aussi sottes que son *Napoléon III à Solférino !*

Cela, oui, reste une énigme indéchiffrable,

Je sais bien, je sais bien — pour l'avoir avancé absolument inaccessible.

tout à l'heure — que la sottise des bourgeois, des amateurs est infinie ; je sais bien que des peintres hollandais du temps de Meissonier, — un Anton Mauve, par exemple — ont eux-mêmes proclamé le « haut talent » du barbouilleur des dessus de boîtes ! je sais bien encore que pas un critique d'art professionnel n'a injurié de pareilles niaiseries ; je sais bien enfin que les Théophile Gautier, les Jules Janin encensèrent le peintre au microscope ; mais Théophile Gautier, Jules Janin avaient maintes fois affirmé leur bêtise naïve ; et l'on aurait dû être depuis longtemps fixé sur leurs jugements !

Comment, — j'y reviens — comment tout le monde a-t-il pu louer, fêter, glorifier un tel pauvre triste peintre ! que connaissait-il des époques passées ? Pourquoi vouloir peindre des modes, des costumes d'autrefois ? inventer des historiettes de jadis en reconstituant — au hasard — des intérieurs ou des scènes de mœurs ? Comment appeler cela ?... Des béquilles !

Béquille, encore — et la plus condamnable, la plus facile, la plus indiquée : l'Empereur !

Oui, il n'a marché, il ne s'est soutenu qu'avec des béquilles; le plus célèbre des peintres de 1850 à 1891. Jamais, il n'a osé, — cet artisan qui parlait tout le temps de sincérité, de vérité, — jamais il n'a osé vraiment s'attaquer à un personnage, à une chose de son temps ! A-t-il, une fois ou deux, tenté l'épreuve, il a bafouillé, il s'est révélé au-dessous de tout ; il a été, sans conteste, le pire des façonniers ; et il n'a pas recommencé.

Et je reviens, ici, à Théophile Gautier, pour montrer jusqu'à quel point, quelquefois, un poète estimable peut être niais dès qu'il ne s'adonne plus à l'élevage de ses vers. Lisez ce galimatias, par-dessus le dos des petits maîtres que j'ai nommés ci-dessus :

« Meissonier (*écrit donc Théophile Gautier*) compose des tableaux avec une science que n'ont pas connue les maîtres flamands auxquels on le compare (*sic*). Prenons, par exemple, un Fumeur. De la manière dont il est placé au milieu du cadre, le coude appuyé sur la table, une jambe croisée sur l'autre, une main abandonnée le long du corps, s'insérant dans l'hiatus du gilet, la tête penchée rêveusement ou gaiement rejetée en arrière, tout cela forme une composition qui, pour n'être pas si visible que celle d'une scène dramatique, agit cependant sur le spectateur. Les accessoires inter-viennent habilement pour donner un sens à la figure. Celui-ci est un brave homme, à coup sûr ; vêtu d'un large habit de coupe surannée, et gris modeste, coiffé d'un lampion soigneusement brossé, balançant un pied que chausse un bon gros soulier bouclé d'argent et ciré à l'œuf, il aspire, avec le flegme d'une honnête conscience, une large bouffée de tabac, qu'il laisse échapper par petits nuages, en économe qui veut faire durer son plaisir. Près de lui, sur la table aux pieds en spirale, il a posé à côté du vidrecome la mesure de bière à couvercle d'étain. Une satisfaction intime rayonne de sa figure rayée de grands plis, pleine de chiffres, d'habitude d'ordre et de probité rigide ; on lui confierait sa caisse et ses livres à tenir... Celui-là, habillé de rouge, tient aussi une pipe et accomplit, en apparence, la même action ; mais le vêtement froissé, plissé violemment, boutonné de travers, le tricorne enfoncé jusqu'aux sourcils, les manchettes et le jabot fripés par une main convulsive, l'attitude du corps harassée et fiévreuse, le tic de la lèvre mâchant le tuyau d'argile, la main rageusement plongée dans la poche vide, tout annonce l'aventurier ou le joueur à sec. Il se dit évidemment : « A qui diable pourrais-je emprunter un louis ou même un écu de six livres ? » Le fond même, si on le consulte, donne des renseignements. Ce n'est plus le correct lambris grisâtre, la décente boiserie brune, mais une muraille salie, égratignée, charbonnée, grailleuse, sentant le cabaret borgne et le taudis équivoque. Et voilà comment un fumeur peut ne pas ressembler à un fumeur. » (*re-sic*).

Ou l'histoire du fumeur à travers les âges ! Et voilà comment un poète peut être le plus déplorable des nigauds !

Aussi, pour ne plus revenir à Théophile Gautier, je me permets — tant j'aime sa critique d'art ! — de citer, une dernière fois, son opinion à propos d'un autre tableau de Meissonier :

« Un homme, écrit-il, debout contre une fenêtre dont le jour argente la figure de luisants, et tenant en main un livre qui absorbe toute son attention, ce n'est pas un thème bien compliqué, mais cela attache comme la vie. On voudrait savoir ce que contient ce volume, il semble qu'on le devine presque... Assez d'autres ont fait les marquis, les marquises, les petits abbés et les impures du dix-huitième siècle, à grand renfort de poudre, de mouches, de fard, de roses pompons, de corsets à échelle, de paniers, d'habits à paillettes, de bas de soie, de souliers à talons rouges, d'éventails, de paravents, de camaïeux, de céladon craquelé, de bonbonnières et d'autres futilités. Meissonier a retrouvé les honnêtes gens de cette époque, qui n'était pas composée exclusivement de grands seigneurs et de filles perdues, et dont Chardin nous fait entrevoir le côté chaste, rangé et bourgeois. Il nous introduit dans de modestes intérieurs à boiseries grises, à mobiliers sans dorures, chez des braves gens, tout simples et tout ronds, qui lisent, qui fument, qui travaillent, qui regardent des estampes ou en copient, qui causent amicalement, les coudes sur la table, séparés par une bouteille de derrière les fagots. »

Et, à travers cette description sommaire et cocasse, pourquoi Gautier ne parle-t-il pas du dessin et de la couleur ? C'est que ces deux choses, si essentielles, croyons-nous, chez un peintre, sont nulles, ici, — bien mieux : absentes totalement ; c'est la mise en œuvre d'un anecdotier sans talent, sans puissance, sans éclat, sans don, pour tout dire. A l'opposé, songez une seconde à Daumier, qui a peint les mêmes sujets !...

Descriptions, opinions, critiques ! Lisez encore ces exquis commentaires — pour vous égayer ! — qui accompagnent quelques tableautins du sieur Meissonier, au musée du Louvre. Ce sont des extraits d'ânerie, des concentrés de gongorisme :

Le joueur de flûte. — « Meissonier, qui était un érudit, savait allier à la science du peintre la minutie du détail dans le costume. Dans le *Joueur de flûte*, il est surtout demeuré peintre. Son personnage, au pied légèrement levé pour marquer la mesure, est admirable de naturel. »

Les ordonnances. — « Chaque tableau de Meissonier est un document qu'on peut utilement consulter si l'on veut fixer un détail de costume ou d'armement. Sa conscience sur ce point est demeurée proverbiale. »

La Confidence. — « Ce tableau, donné en 1908 au Louvre, est l'un des plus beaux d'une collection fameuse, par le naturel incomparable des attitudes, autant que par le fini de la composition. »

1814. — « Ce tableau, d'une composition si savante et si dramatique, est assurément l'un des plus connus qui soient. Le sombre visage de l'Empereur, la sévérité du paysage, tout ce décor de tristesse, admirablement rendus, expliquent la faveur qui s'est attachée à cette œuvre célèbre popularisée par la gravure. »

L'attente. — « Ce tableau que l'on confond assez souvent avec un autre du même peintre, intitulé *l'Homme à la fenêtre*, est surtout remarquable par le fini du détail et la prodigieuse habileté de l'exécution. Meissonier y témoigne d'une profonde science du clair-obscur. »

Les amateurs de tableaux. — « Ce tableau, qu'il ne faut pas confondre avec les *Amateurs de tableaux* du musée Condé à Chantilly, est cependant une réplique de l'autre. Quelques détails insignifiants les différencient, mais l'un et l'autre se ressemblent par l'harmonie de l'ensemble et la vérité des attitudes. »

Napoléon III à Solférino. — « Traité par tout autre que Meissonier, le groupe que forme l'état-major de l'empereur serait forcément banal, mais l'artiste a réussi, par une habileté qui n'a d'analogue que chez les grands Flamands, à faire de ces figures minuscules de véritables portraits des sommités militaires de l'époque. »

La plupart de ces malfaisants emplâtres furent légués au musée du Louvre par le sieur Chauchard, roi de l'elbeuf et du bombasin. Cela lui valut d'être promu grand' croix de la Légion d'honneur. Certains samedis, au petit palais de Longchamp, on servait un déjeuner officiel ; et M. Leygues, grand maître de l'Université, apportait toujours, dans son portefeuille, un petit bout de ruban rouge, qui, un jour, barra la poitrine du marchand de satinettes et autres bavettes. On sait le reste : à l'enterrement du Crésus « mercerisé », Paris, copieusement, déversa ses justes colères sur le cercueil — et sur le ministre dont les pas s'appesantissaient sous le faix d'une quinzaine de millions de l'héritage...

Mais revenons à notre « gloire immortelle », à Jean-Louis-Ernest Meissonier, qui naquit à Lyon, en 1815, « dans le couchant du soleil impérial », — dit un de ses biographes.

Certes, sans en vouloir en quoi que ce soit à ce ploutocrate de la peinture, il eût bien mieux fait de ne pas naître, Ernest Meissonier !...

On me dit, quelquefois : « Pas un comme lui pour vous donner un détail d'ongle, une pointe d'accent dans l'œil, le reflet d'un cheveu, un pli transversal du front, une piqûre d'épingle enfin, d'un personnage situé à huit cents mètres du premier plan du tableautin ! » On me dit encore : « Vous niez sa couleur ? Mais il a eu la couleur de son genre d'observation !... » Je ne comprends plus !... Enfin, certaines autres personnes bien intentionnées avancent : « Meissonier, c'est le fini dans le détail ! Pourquoi le microscope qui est indispensable en microbiologie ne servirait-il pas à l'étude de l'infiniment petit dans la peinture de Meissonier. Il y a là aussi des découvertes à faire d'une portée immense, incalculable !... »

C'est vrai !... Etant enfant, à Tours, lors d'une sorte d'exposition universelle, je me souviens d'avoir vu, de ce sieur Meissonier, un *Polichinelle*, grand comme la main, qui reluisait dans un immense cadre d'or tout neuf ; et ce Polichinelle, de profil, avait, dans le seul œil qu'on pût voir, une pointe d'argent qui donnait l'éclat de l'iris. Une loupe à long manche, capable de vous faire discerner les atomes les plus invisibles, pendait près du tableautin. On se bousculait autour de lui ; on s'arrachait la loupe ; et quand on avait vu la minuscule pointe d'argent, on s'éloignait titubant, la face resplendissante, hilarante, tellement le chef-d'œuvre vous accablait d'ivresse !...

Ah ! ce génie du sieur Ernest Meissonier ! Le célébrait-on assez, dans le monde entier, de Paris aux confins du détroit de Behring ! Sur ce petit homme, tout l'or des nations ruisselait ; et son propre orgueil s'enflait. Quand il sortait du vieux Palais de l'Industrie, à la tête des peintres, le Soleil, tout reluisant exprès ce jour-là, arrêtait sa course — et ses rayons magnifiques venaient s'éteindre dans la longue barbe du dieu de la peinture...

Du reste, si les enrichis de tous les pays accordaient à Meissonier touté admiration, les peintres officiels ne lui vouaient pas un culte moins fervent. Aussi, on ne put compter jamais les huiliers que ce petit homme enfanta.

Surtout, côté des peintres dits militaires. On vivait alors dans et sous l'idée de la revanche ; et l'on en sortait, à chaque Salon, de ces toiles où s'entassaient des chassepots, des baïonnettes, des canons, des espions, des voitures d'ambulance, des généraux, des cantinières, des soldats, etc., etc... Il y avait, parmi ces toiles, les drolatiques et les pleurardes, les joviales et les héroïques. Chacun de nous trouvait son genre ; et les peintres qui, annuellement, se chargeaient de tenir haut et ferme le drapeau, se nommaient Berne-Bellecour, Couturier, Reverchon, Pils, Yvon, Protais, Jundt, Bettanier, Dupray, etc., etc...

Mais, incontestablement, les deux meilleurs poussins, qui devinrent bientôt coqs, ce furent Alphonse de Neuville et Edouard Detaille.

MEISSONIER

Le premier, fougueux, tempêtueux, fracassant,
précipitant des trombes d'artilleurs dans des car-
rés de fantassins ; animant le plus mince fait d'ar-
mes du fouet de tous ses panaches ; raidissant
enfin des chevaux, des cantinières et des trompettes
à l'agonie ; — tandis que le second, Edouard
Detaille, il se réservait, lui, le rayon repris des
mains de Meissonier ; le rayon des costumes, des
vêtements, des harnachements, des buffleteries, où
il ne manque aucun détail de boutons, d'ardillons
ou de gourmette.

— « Si je dessinais un cheval de *chic*, répétait,
dit-on, Meissonier, je croirais faire injure à la
nature. »

Mais, il n'a fait que cela, *du chic*, le malheureux ! Toutes ses anecdotes, toutes ses historiettes
de genre, qu'est-ce que c'est que tout cela ? sinon,
du chic ! Est-ce que, par hasard, il s'est pris un
seul jour au sérieux, ce peintre qui n'a jamais copié
que des personnages et des choses d'un autre

temps que le sien ? Un fabricant de vignettes péri-
mées, un illustrateur de vieilles histoires, oui ; et il
n'a jamais tenu que cette fabrication-là ! Et même,
je ne crois pas, je ne veux pas croire qu'il ait
jamais pensé lui-même, Meissonier, à faire œuvre
« réaliste », sincère, originale. Non, il a justement, exactement dosé l'ignominie de son temps ;
et il a jeté à la face des enrichis des deux hémis-
phères la pauvre petite peinture, les bas barbouil-
lages, les puériles et niaises fadaises qui leur
étaient agréables. Donc, Meissonier, un mauvais
peintre — et le sachant ! — pour mercantis et
parvenus ! Oui, cela, tout cela, et pas autre chose !

Il est mort (ceci est attesté !) en disant : « Je
ne sais pas peindre ; je ne saurai jamais mon
métier ! »

A la bonne heure !... Car, le métier — dans le
bon sens du mot ! — ce ne sont ni les flagorneries,
ni les rubans, ni les honneurs, qui, par bonheur !
l'apprennent. Quels regrets, je l'avoue ! Mourir

grand' croix de la Légion d'honneur, membre de
l'Institut, multimillionnaire, etc., etc... et se rendre
compte — *in extremis* — que l'on n'est rien, que
l'on n'a pas fait une seule chose propre, estimable !...

Mais, un dernier mot : Meissonier adorait les
chevaux. Et, pour cela, qu'il lui soit beaucoup
pardonné !... Quand on a dépassé ses vingt ans,
on préfère, peut-être, les femmes ! Pour moi,
rien ne remplaçait mes courses équestres dans les
prairies, au temps où Ernest Meissonier faisait
délirer le monde entier en général et les Touran-
geaux en particulier !...

RAFFAELLI

RAFFAELLI

J'ai connu — et bien connu — Raffaëlli, il y a longtemps, alors qu'il habitait rue de la Biblio-thèque, à Asnières.

Son logis, c'était un petit pavillon, avec un atelier dans un jardin exigu ; et, lui, Raffaëlli, quel singulier homme, d'une vanité magnifique, débordante !

Il s'était sacré maître, le plus grand de tous ! Dans Raffaëlli, il y a effectivement Raphaël ; et, un jour, il me jeta au nez ceci : « Mon ami Pichon, dont je viens de terminer le portrait, me juge plus haut que Raphaël ! »

Et Raffaëlli — qui n'était pas, tout de même, Raphaël, vous sortait, à tout propos, de ces boutades-là, du fond de son cerveau, avec la plus péremptoire certitude, en usant d'une ancienne voix de baryton, dont il se montrait également fier.

Car, il se montrait fier de tout, Jean-François Raffaëlli. Ainsi Huysmans me contait, qu'à Champrosay, dans la propriété de Daudet, quand on voulait rire, on priait Raffaëlli de chanter ; et celui-ci, sans se faire longuement prier, poussait un air de *Rigoletto* ou de *Guillaume Tell*. Daudet s'esclaffait, Edmond de Goncourt ricanait ; et, dans un coin, Huysmans demeurait tout ébaubi, ne bougeant pas plus qu'une souche ; tandis que les roulades succédaient aux roulades, que les coups de gosier se précipitaient, et que, Raffaëlli, pour s'exciter, se défonçait à coups de poing la poitrine, en roulant des yeux blancs !...

Il avait « découvert », comme il le répétait

si volontiers, la banlieue. La banlieue, c'était lui-même ; toute la banlieue était à lui ; tout de suite, il l'avait marquée de sa griffe léonine. Malheur à qui touchait au plus pauvre objet de la zone, aux portes de Paris ! Les « fortifs », c'était son domaine, de Saint-Denis à Neuilly. La moindre cabane, la plus indigente tonnelle, le vagabond, le chien maigre, le cheval étique, le chat pelé, les gravats, les fonds percés de casseroles, les débris de porcelaine, les fils de fer rouillés, toutes les immondices et tous les composts, tout ceci, tout cela, composait, — il n'eût pas admis une seule réplique, — son bien, son patrimoine artistique.

C'était fort bien en soi ; mais ce qui vous irritait un peu, chez ce diable d'homme, c'est qu'avec tout cela il voulait être une sorte de mêle-tout, le dernier des encyclopédistes. Et il noircissait des pages ; il tenait à communiquer à tous ses élucubrations, pas du tout sottes, d'ailleurs, — amu-

santes, au contraire, pittoresques, souvent causti-
ques et imprégnées d'une vive observation. Le
goût lui en était venu au jour de la première exposition publique de ses œuvres, en 1884, dans une
boutique alors à louer; au N° 28 bis de l'avenue
de l'Opéra.

Il reste de cette exposition un petit catalogue
illustré — « suivi, dit Raffaëlli d'une étude des
mouvements de l'Art moderne et du beau caractériste. » Le beau caractériste ! le dada, l'invention, la découverte, la trouvaille, l'idée lumineuse
du peintre ! Avec des aperçus, des commentaires
sur des œuvres d'autres peintres, et très adroite-
ment écrits, précis, nets. Par exemple, à propos
de *réalisme*, lisez cette page sur un tableau de
Courbet : *L'Enterrement à Ornans* : « Comme
peintre rationnel et d'idées, Courbet fut toujours
incomplet, hors dans ses *Casseurs de pierre* et son
Après-dîner à Ornans, deux parfaits chefs-d'œuvre ; je ne parle pas de ses paysages. — Dans son

Enterrement à Ornans, il montre aussi les plus admirables partis pris d'art, les *Femmes qui pleurent, le chien*, aussi beau et plus beau qu'un chien de Desportes, le *Cugnot*, le *prêtre*, dans ce mouvement admirable des bras pris sous la lourde et raide chasuble, et d'autres groupes sont complètement beaux. Malheureusement, il ne put dans le groupe des chantres atteindre à la *charge* qu'il voulut ; les porteurs sont trop nobles ; quoique des hommes portant ensemble un lourd morceau ont toujours une belle attitude générale ; le terrain n'est pas celui d'un cimetière, mais bien quelque beau plateau de la Franche-Comté ; le fond manque de perspective ; les personnages sont dans un jour d'atelier et dans de fausses proportions, dont il tira d'ailleurs un beau parti d'unité. Par terre, on voit aussi, près de la fosse, des tibias, des têtes de mort, et autres ossements d'un mélodrame symbolique critiquable. — Hors ça, ce chef-d'œuvre tel quel, est un tableau superbe d'admiration

naïve, d'observation, de vérité et d'ironie, mêlées.
— Ce tableau reste le monument magnifique d'un
considérable effort. »

Et cette page sur Ingres n'est-elle point également
tout à fait originale :

« Cependant hier, Ingres lutta encore pour
Dieu, les Grecs et le roi, mais ce fut l'agonie. —
Homme naïf et violent ; grand artiste dans ses
admirables caricatures du *duc d'Orléans* et de
M. Bertin ; artiste ambigu dans *Madame Moi-
tessier*, *Cybèle* par la tête et *soieries de Lyon* par
la robe ; disciple de David et *romain* dans le por-
trait de Bertholini ; absurde d'invention, dans les
proportions qu'il s'était données, et de facture, dans
celui de *Cherubini* ; d'un bon grec dans son *Apo-
théose d'Homère* ; de l'école de David dans son
Saint-Symphorien ; statuaire grec dans la *Source*;
d'art académique dans ses dessins pour la *Cha-
pelle de Dreux* et son *Vœu de Louis XIII* ; d'art
tout à fait insupportable dans son *Saint-Pierre*,

son *Angélique au goitre* ou sa *Jeanne d'Arc* en fer-blanc, Ingres, qui ne fut qu'un esprit malade des traditions dont il s'était bourré en provincial et qui ne laisse pas un morceau d'art qui soit vraiment français ; inquiet et aigre de la poussée des idées qu'il sentait gronder autour de lui, ne laisse, de ses hésitations et de ses colères entêtées. que le souvenir d'un homme qui aima passionnément son art et fit des portraits à la mine de plomb...»

Le portrait est achevé, peint sans doute à travers le tempérament de Raffaëlli ; mais il veut exprimer quelque chose de très clair. Les autres dissertations philosophiques sur l'art moderne qui meublent le petit catalogue, devenu rarissime, ne sont point, peut-être, de la même tenue ; mais Raffaëlli, durant toute sa vie, aima s'expliquer, se confesser, parler du haut d'une chaire. Ce fut un touche-à-tout !

Il se fit conférencier ; il apprit l'anglais pour

parler aux Américains, à Pittsburg ; il composa de la musique ; il écrivit et publia des contes ; il se passionna pour la navigation aérienne ; il fit de la sculpture ; il broda ; il peignit des fleurs sur des robes ; il prépara des cartons pour des tapisseries ; il apprit des opéras ; il botanisa ; il fabriqua des décors de théâtre ; il inventa des crayons de couleur ; il réalisa, avec adresse, dans son métier, tout ce qui peut être réalisable : peintures, pastels, eaux-fortes en noir, eaux-fortes en couleurs, pointes sèches, aquarelles, gouaches, dessins au pinceau, au crayon Conté, à la mine de plomb, à la sanguine, à la pointe d'argent, à l'encre de Chine, à la plume d'oie, etc., etc... Il peignit des « *Portraits-types de gens du bas peuple : chiffonniers, buveurs d'absinthe, terrassiers, marchands de chiens, marchands d'habits, marchands de marrons, pêcheurs à la ligne, loqueteux, etc...* » Il accumula ce qu'il appelait des *Etudes* : « *Des jardins, des champs, des arbustes, des chiens bas-*

sets, des églises de Bretagne, des coins de forêt, des vaches, des petits ânes, etc., etc... » Coin des Pantomines : « *L'assassinat de la vieille au cabas, le cireur de l'Hôtel des Voyageurs, la Maison où l'on se bat toujours, Chez le dentiste,* etc., etc... » Il représenta encore des *Paysages des bords de la mer ;* des *Décorations volantes de salle à manger ;* des *Portraits-types de petits bourgeois ;* des *Scènes de mœurs ;* des *Marines ;* des *Portraits ;* des *Vues de Paris ;* des *Caractères de la banlieue ;* des *Illustrations de livres,* etc., etc. »

Et quel voyageur ! Il fut partout : en Angleterre, en Belgique, en Hollande, en Italie, en Amérique. Il avait toujours la bougeotte, le tracassin. Il croyait à tout ; il voulait se fourrer partout. Il donna des dîners somptueux ; il fut un homme du monde, — pas un cavalier comme Carolus Duran ; mais il ne s'arrêta que là.

Devenu riche, ou croyant l'être, un beau jour, il abandonna Asnières ; et il vint se loger dans

Paris, tout au bout toutefois de la rue de Courcelles, à la porte du même nom, qui s'ouvre tout
de suite sur la route de la Révolte, qui lui était
si familière. En face Levallois-Perret et ses usines.

Au bout d'un mois, Raffaëlli avait déjà trans-
formé sa nouvelle demeure : un petit hôtel avec
jardin. Puis une galerie et un atelier suivirent,
construits en un autre mois. Une vraie demeure
d'artiste ; un précieux et confortable logis. Première indication d'une vie qui s'améliorait, qui
allait devenir bourgeoise, elle aussi — gâtée par
l'argent.

C'est là qu'il offrit ces dîners fastueux, où tous
les individus les plus divers se coudoyèrent.

Je me souviens, quant à moi, d'y avoir rencontré des hommes politiques, des directeurs de
théâtres, des cabots et des actrices, des comman-
dants de transatlantiques, des directeurs de feuilles
publiques, des auteurs, des vieilles princesses, des
éditeurs, des mercantis, des hommes d'affaires,

des femmes du monde, des épouses morganati-
ques, des esthètes, des académiciens ; etc., etc...
Un ou deux peintres, parfois, mais toujours des
étrangers : le peintre Dannat ou Fritz Thaulow.

Raffaëlli s'habillait bien. Le dix-huit reflets et
le pantalon anglais le tenaient sous une emprise
irrésistible. Dans ce temps-là, pas ou peu d'automobiles ; mais il choisissait ses équipages, — sauf
quand il allait, pour peindre, dans la plaine de
Gennevilliers.

On mangeait bien chez lui, savoureusement
même ; mais défense absolue de vanter un peintre
vivant. Raffaëlli vous eût lancé un regard chargé
d'explosifs.

Il comptait — ou il compta beaucoup d'amis :
Octave Mirbeau, Maurice Barrès, Stephen Pichon, Millerand, Clemenceau, Huysmans, Edmond de Goncourt, Alphonse Daudet, Emile
Zola, Boldini, Bartholomé (quand il devint
sculpteur), Jules Claretie, Rodin, Pelletan, Tony

Révillon, etc., etc... L'affaire Dreyfus fit du vide autour de lui.

A ce moment, Raffaëlli, le peintre de la banlieue, était quasi mort. Il ne voulait plus voir, plus peindre ou dessiner toutes les images de son ancienne gloire : les déclassés, les vagabonds, les ouvriers, les chevaux squelettiques, les paysages désolés, les arbres grêles se ployant ou se cassant au souffle du vent. Nous allions très souvent encore nous promener sur le quai d'Asnières, le dimanche de préférence, quand les canotiers, quand les cafés sont en liesse ; mais la foi n'y était plus : Raffaëlli pensait à Venise ou au boulevard des Italiens.

Assurément, il ne pouvait guère continuer à gratter les mêmes hères et les mêmes sites, par quoi il s'était vraiment illustré ; mais le mal fut que Raffaëlli, en changeant de paysages et de « modèles », conserva sa manière, son style, son métier de petites virgules, sa raideur et sa couleur si grise, si rare, — trop plâtreuse, trop sèche, pour tout résumer !

Et les amateurs, les critiques, le public déboulonnèrent trop vite — et trop radicalement — l'idole d'autrefois. Pour certains d'entre nous, il restera cependant comme un peintre-graveur ; et, comme tel, je garde de l'estime pour ce petit maître, jeté trop délibérément, une quinzaine d'années avant sa mort, par dessus bord.

C'est un peintre qui fut à l'origine trop exhaussé, — que l'on a tué ensuite avec le même entrain, — et qui s'est tué lui-même, à dire vrai. C'est très louable de vouloir être le plus haut des artistes de son temps ; mais le répéter toujours ne suffit pas ; et Dieu sait si Raffaëlli essayait de me faire partager cette intime conviction !

Le dimanche, à Asnières, surtout — tandis que Silvain, l'actuel et jovial doyen de la Comédie-Française, jetait en Seine l'épervier ; tandis que les bals fracassaient les oreilles et que les fritures envoyaient aux brûlantes narines des remugles puissants ; tandis que canotiers et canotières hurlaient leur joie de vivre ; Raffaëlli, grave, sévère, se comparait si aisément tout seul à Delacroix ou à Titien, que je le laissais dire pour ne pas gâter d'avance le bon dîner qui se préparait là-bas, dans le petit hôtel de la rue de Courcelles. Oui, le ventre parfois est lâche ; il était lâche surtout en ce temps-là ! et, ma foi, cette lâcheté-là, je l'avoue, ne me causait aucun chagrin.

J'aimais aussi beaucoup Asnières de tapager tellement ! Car Raffaëlli, assourdi, se taisait tout d'un coup ; et nous allions nous asseoir tous deux devant des bocks ; et, peu à peu, avec la nuit tombante, nous finissions par somnoler, ne pensant plus, l'un et l'autre, à la sacrée peinture et à ses œuvres les plus chéries...

Puis, on rentrait, on reprenait le chemin de la porte de Courcelles. Alors, peu à peu, l'idée que j'allais retrouver, sûrement, attendant le dîner

hebdomadaire, les deux barbes si noires alors de
M. Georges Lecomte et de M. Adolphe Brisson
m'attristait ; mais Raffaëlli, bon bougre, me plaçait à table, entre deux aimables femmes ; et cela
m'enlevait vite à mon souci...

Puis, tout passa ; — et Raffaëlli vint s'abriter
rue Chardin, à côté des jardins du Trocadéro.
Je le vis de moins en moins. Son orgueil prenait
des nuances affreuses. L'artiste s'enfermait de plus
en plus dans une douloureuse retraite ; et beaucoup de gens croyaient Raffaëlli mort depuis bien
des années, quand il trépassa vraiment, il y a
quelques mois à peine...

ROPS

ROPS

C'était un Belge, natif de Namur, ce Félicien
Rops, savez-vous ! Pour avoir « profité avec »
la gueuze lambic, la brune, le faro, l'orge, la
witbier et l'uitzet, il était devenu un beau garçon
avantageux, et tout gonflé de suffisance. Mais
qu'allait-il faire dans la vie ? Un marchand dra-
pier, un dentellier, un restaurateur, un honorable
proxénète,un hôtelier ? — Aurait-il pignon place
de Brouckère (car il s'était bien vite installé à
Bruxelles, ce Rops !), — ou boulevard Anspach,
ou rue des Fripiers, ou encore au coin du Marché-
aux-Poulets ? — *Och (fi donc !)* avec une telle

moustache fine, des cheveux abondants, et un corps si svelte qu'elle se retournent sur lui, les fillasses bruxelloises !...

Au fond, il ne se sent aucun don précis, ce Félicien ; alors pourquoi ne se consacrerait-il pas artiste ? et, du coup, le voilà parti à dessiner pour les petites gazettes des compositions satiriques ; car il a de l'humour, le gaillard, parce que natif de Namur, *Le Crocodile*, surtout en avale de ces fleurs de sa « zwanze » (*blague, mystification...*)

Et il se pousse, et il avance, ce Rops ! Dès qu'un Français notoire surgit à Bruxelles, vite, il accourt se frotter contre ses basques, il le pelote, il l'attendrit ; et il réussit si bien qu'un jour Baudelaire lui-même, ici, tout désemparé, — à vrai dire ! — épingle sur une de ses courbettes le sonnet suivant :

. . . .

Usez toutes vos éloquences,
Mon bien cher coco Malperché,

Comme je le ferais moi-même,
A dire là-bas, combien j'aime
Ce tant bizarre Monsieur Rops,

Qui n'est pas un grand prix de Rome
Mais dont le talent est haut, comme
La pyramide de Chéops.

Du coup, Rops est perdu ! Ce sonnet envoyé par Baudelaire à son éditeur Poulet-Malassis l'enfle ! C'est Paris qu'il lui faut ! Il a assez des Bruxellois — et de leurs « zwanzes » ; et il a aussi trop copieusement illustré de ces bons petits livres pour gorets que les éditeurs lui commandent, à l'usage non du Dauphin, mais des verrats, truies et porcelets belges, suivis des autres gorets de tous les pays !

A peine débarqué à Paris, Félicien se précipite chez les deux portières : les Goncourt. Il paonne, il fait la roue. Implacable, le même soir, le fameux *Journal* note : « Reçu aujourd'hui la visite d'un

bonhomme brun... » Un *bonhomme !* Un *bonhomme !* lui, Félicien, — qui n'a que trente-deux
ans, exactement ! Cela le dégoûte des deux frères ;
et, sagement, dignement, il se décide à aller apprendre à graver chez Bracquemond et chez Jac-
quemart.

Très fécond, il ne le faut point nier, il grave à
tort et à travers tous les sujets qui lui passent par
la tête ; et il donne à ses séries de gravures, de
dessins et d'aquarelles, des titres bizarres, des titres
belges : *Darwiniques* ; les *Sonnets du docteur* ;
Les faillites de Cupidon ; *Les Framboisy* ; *Crino-
linographies* ; etc., etc.

Il dessine aussi des sous-Millet : des paysans
aux champs ; des scènes de mœurs qui rappellent
Gavarni ; Gavarni qui écrit de pittoresques légendes, mais qui dessine comme un juponnier ; — et,
déjà, il est certain, il est accusé que Rops ne sera
qu'un Gaudissart de la gravure, qu'un Benoîton de
l'illustration.

Or, au moment précis, où il sent qu'il va sombrer dans le néant, il se met à exploiter plus complètement que jamais le fonds érotique, dont il avait déjà offert tant de savoureux spécimens à ses amis wallons et flamands.

Il comprend, à temps, que l'obscénité — même d'estaminet et poivrée de genièvre — va le sauver. Le tout est de choisir de grasses filles très vulgaires, dont il tirera les plus abracadabrantes et les plus basses porcheries.

Du reste, dans son esprit les notaires et les éphèbes des pensionnats les attendent. Car, si les juges ont parfois, pour les réjouir, de croustillants débats, qu'ils pimentent en les poursuivant à huis-clos, il faut bien dire que les tabellions, le nez toujours fourré dans les successions et autres partages, deviennent, à la longue, plutôt moroses — et qu'il en est de même des jeunes gens beaucoup trop privés de femmes dans ces affreuses bâtisses que l'on appelle lycées ou collèges...

Rops, copieusement, comprend cela — et, dès lors, il surnage.

Car, à travers le temps, ce que l'on peut classer sous ce mot : *l'Œuvre érotique*, est plutôt rare — et peu facile à imposer, même par bribes.

En effet, sans remonter au déluge — les Grecs, les premiers, produisirent des images érotiques assez ternes. Les représentations de leurs *Lédas*, peintes ou sculptées, ne véhiculent pas des germes autrement terribles de luxure. La plupart du temps, le cygne fait tout ce qu'il peut ; mais il ne détermine pas toujours chez le spectateur le plus préparé une action galvanisante. Ou bien c'est le cygne qui est épuisé — et qui se repose — ou c'est la Léda qui somnole, pas du tout bouleversée par l'aventure.

Au moyen âge, certes, on a fait mieux ; on a su sculpter de joyeuses et ardentes priapées au bas-ventre des cathédrales et de certaines maisons bourgeoises. Mais il faut, pour considérer ces ragoûts de chair, lever le nez en l'air, s'attarder à bien démêler le sens de l'obscénité dans des feuilles d'acanthe, dans des entrelacs et des branches d'arbres, — ou parmi des oiseaux indifférents ; — et cela, n'étant point toujours directement sous les yeux, à la longue, fatigue.

Assurément, ce sont les images que l'on peut tenir en mains qui ont le plus de chances de plaire. Aussi, beaucoup d'artistes de la Renaissance — et non des moindres — se sont évertués à dessiner, à graver ou à peindre toutes sortes de mêlées d'épidermes, qui, si elles ne réjouissent pas toutes, sont au moins valables comme témoignages d'art.

Il faut voir cela dans ce que l'on appelle *l'enfer* des bibliothèques célèbres.

Car ce qui reste de la religion catholique, apostolique, romaine — et de ses dérivés — vous impose encore tout un champ d'hypocrisiès et bannit jusqu'aux noms scientifiques des sexes, toujours qualifiés « parties honteuses » !... Et pourtant les estampes ainsi hermétiquement gardées ne vous apportent pas souvent une délirante pâmoison des sens. Les gravures mêmes de Rembrandt, ses estampes libertines, sont de peu troublantes bamboches charnelles.

Le XVIIIe siècle, lui, eût pu fournir de plus certaines mises en train. Il eût pu développer plus franchement le goût de la luxure. Fragonard, Boucher, Lancret, Pater et d'autres petits maîtres eussent pu, aisément, nous entraîner assez loin dans les contrées de la paillardise ; ils ne l'ont guère essayé. Souvent, il vous tombe sous la main ces images dites obscènes du temps du Bien-Aimé. Hélas ! il vaut mieux n'en point parler ; car ce ne sont qu'indigentes fariboles et débiles fêtes des sens, représentées, le plus généralement comme des pauvres petits jouets d'enfants. Oui, mignardes petites fêtes où tout disparaît, sottement, maladroitement, sans excitation aucune, sous des rubans, des enjolivements de fleurs ou des joliesses de dentelles...

Je sais, je sais bien que le même XVIIIe siècle s'est rattrapé en exécutant des bonbonnières, des boîtes pour le fard, présentant des « sujets » plus érotiques, nettement plus salaces ; mais c'est si mièvre, c'est si banal que rien encore de fort ne se dégage de toutes ces chères fadeurs.

Il faut arriver, en somme, à Rowlandson, pour s'égayer d'un vrai petit maître de la joie entrelacée des sexes.

Je me souviens d'avoir reçu un jour des mains de Huysmans une bonne trentaine de ces libertines estampes en couleurs, dont Rowlandson émaillait parfois son œuvre de caricaturiste. Que ne les ai-je gardées !

C'étaient, ces estampes, les quasi pareilles images décrites si extraordinairement, si magnifiquement, dans *Certains.*

Je me suis longuement amusé, moi, à considérer ces arrivées, en pleine campagne, de houzards, qui, à peine un pied à terre, sautaient sur des filles et les mettaient en perce. Et elles riaient — et elles s'esclaffaient de l'aubaine. Toutes gorges découvertes, toutes jambes nues, toutes fesses offertes, elles se présentaient aux cavaliers. Elles s'appuyaient sur des tonneaux, sur des sacs mis debout ; — et les houzards, de toute la puissance de leurs jeunes reins, s'empressaient.

Ailleurs, une villageoise s'enfuyait, le derrière à l'air, poursuivie par un houzard qui courait malaisément ; là, un autre cavalier, tout secoué de délice, s'étalait sur le ventre d'une fille, ouverte en croix ; et, tout autour, d'autres houzards, occupés, eux ausi, chantaient en chœur la tyrolienne des sexes.

C'était, dans l'ensemble, une débauche gaie, une mise en œuvre amusante, voluptueuse et folle, de bons bougres et de bonnes bougresses. Il y avait une de ces estampes où tout un salmigondis de couples enlacés réjouissait des spectateurs, les yeux dilatés, aux fenêtres d'une auberge. Les amants roulaient des yeux en boules de loto ; d'autres ouvraient la bouche en trous de four. Dans le fond du paysage, un orchestre jouait, rythmait la bonne mécanique des contacts, des défoncements qui mettaient tout le monde en joie...

Dans les superbes et puissantes pages consacrées à Rops, Huysmans, certes, a raison de célébrer aussi avec vigueur les formidables estampes érotiques que nous donnèrent les Japonais; il a raison également de ne point prendre au sérieux les libertines facéties de Devéria, pommadin musqué qui essaye si vainement de nous divertir en coloriant des petites porcheries d'après-souper ; mais comment, comment, en oubliant Courbet, Lautrec, qui peignirent ou dessinèrent d'admirables œuvres libertines, a-t-il pu célébrer l'œuvre dite érotique de ce taulier de la luxure que fut Rops !

Je sais bien, je sais bien qu'il ne convient de voir là qu'un prétexte — pas autre chose ! — à de lyriques phrases, qui perforent si profondément les

Lettres françaises que l'on ne peut rien citer en comparaison ; je sais bien encore que Huysmans s'est tout à fait moqué de Rops et qu'il n'a voulu que nous jeter en pleine face les plus vénéneuses et les plus hallucinantes splendeurs florales de son style ; — mais, mais, tout de même, Félicien Rops, mort seulement en 1898, a pu lire, s'enivrer, hors de toute justice, de cet excessif hommage (puisque le livre qui a pour titre *Certains* fut publié en 1889) ; et voilà la chose condamnable !

Et chose condamnable également qui s'ensuivit: un numéro spécial de la revue *La Plume* fut consacré à Rops, à la date du 15 juin 1896.

Et enfin, Huysmans encore les entraînant, le Sar Péladan, Octave Uzanne, Demolder, Camille Lemonnier, Jules de Marthold, et une tourbe de subalternes folliculaires, fracassèrent sur le nez de Rops — par le moyen de la dite revue — des encensoirs lourdement chargés de louanges saugrenues.

Aujourd'hui, par bonheur, — si l'on garde à part dans le plus sûr coffret la turbulente grandiloquence de Huysmans — tout le reste n'est plus qu'un souvenir ; tout le reste est allé rejoindre, dans là nuit des choses, les laissés-pour-compte des proses et des sonnets.

Les notaires seuls et quelques jeunes collégiens regardent peut-être encore avec une curiosité maladive les pauvres estampes qu'un marchand, à face de porc, offrait, ces derniers temps, dans un sous-sol à Paris.

Certes, jamais une gloire ne mérita mieux d'être promptement déboulonnée. Je défie qui que ce soit, — en dehors des deux classes d'individus susnommés — de prendre un plaisir véridique à regarder toute cette tripaille, toutes ces « pesantes outres », toutes ces « cosses entrebâillées du sexe ». Ce n'est ni luxurieux ni stimulant ; c'est aussi bas, aussi écœurant que des photographies de claquedent, que des coloriages ratés de cartes transparentes.

C'est de la pornographie sans esprit, sans piment, sans même la plus courte allégresse ; c'est vil, c'est sordide, c'est hideux !

Aussi, Huysmans, avisé, se garde-t-il bien de parler du dessin et de la couleur de ces images conçues par un délirant cerveau de frère ignorantin.

Le même type de femme partout, la femme grasse des Flandres à trogne bête, à toison lourde, — celle que ce Rops, natif de Namur, et venu en France pour contaminer nos tabellions — avait nommé précédemment *Buveuse d'absinthe* ou bien *Peuple* (!) Car, plus bête que Gavarni — le grand homme élu par les Goncourt ! — il ne sut jamais, lui, trouver des titres congrus et des légendes spirituelles. Belge il fut, Belge il resta. Il nous empoisonna trop longtemps, à travers les fumées de la gueuze lambic et du faro, de ses balourdes et rebutantes productions !...

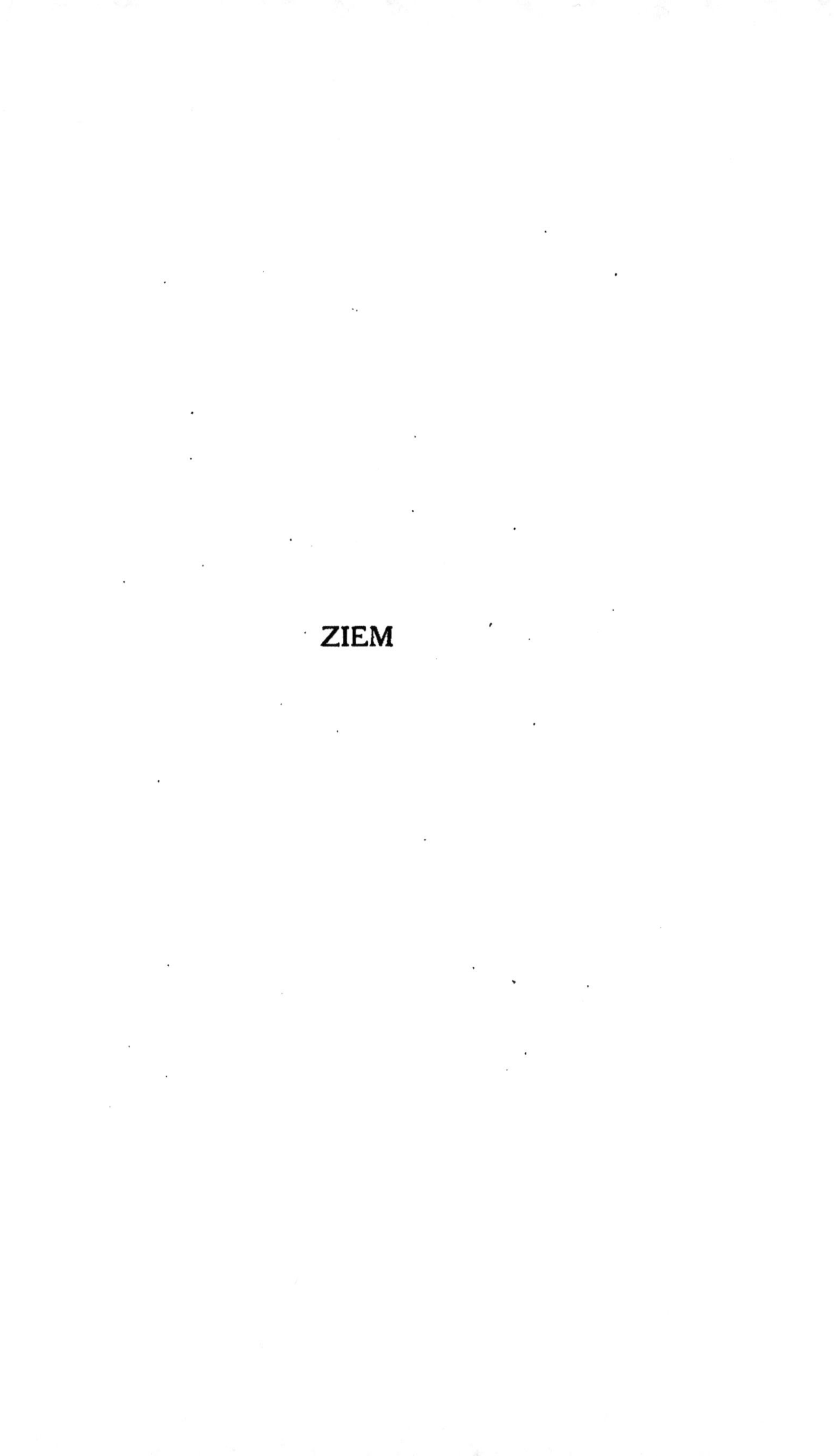
ZIEM

ZIEM

Aux deux tiers de la rue Lepic, vous avez assurément remarqué à votre droite, au N° 72, exactement, une maison brune, derrière un mur ; une maison qui s'orne de petites fenêtres en bois découpé, des sortes de moucharabieh, à bien dire. C'est là que mourut, en 1911, le peintre-calife Ziem.

En l'an de grâce 1821, ayant ouvert les yeux à la lumière de ma généreuse Côte-d'Or, j'imagine que le bon calife dut déguster, comme moi, le suc du puissant Pommard, de l'exquis Chambertin, de la savoureuse Romanée, — avant de partir, le barda sur les épaules, pour les pays à tableaux.

Car il fut un globe-trotter, sans cesse fouaillé par la bougeotte, ce Bourguignon de hasard, issu d'un père hongrois. Il montra ses grègues à l'Italie, à l'Espagne, à la Hollande, à la Turquie, à l'Egypte, à l'Arabie, à l'Asie-Mineure, à la Syrie, aux Indes, à la Russie, etc., etc...

Rien que pour cela, ne trouvant point le loisir d'attendre dans les antichambres, Ziem n'eut guère le temps de se faire largement décorer. Du reste, pour lui, rien ne compta que Venise la Sérénissime ! Oui, il y fut souvent, longtemps ; et s'étant épris de Titien, de Tintoret et de Véronèse, il décida, sans interminables délais, qu'il ne représenterait surtout que les campaniles de la reine de l'Adriatique, avec, de temps en temps, quelques arrêts devant les minarets de Stamboul, son autre vive passion picturale.

Et le voilà parti pour réaliser des centaines de

tableaux, de toutes dimensions, du Grand-Canal
à l'appontement des Esclavons, du Pont des Soupirs au flamboiement de Saint-Marc, de San
Giorgio à la Salute, de la Madona dell' Orto à
la Giudecca.

Mais il veut, lui, une Venise férocement somnolente dans sa poussière, bannissant toute invention moderne ; et, au vigoureux temps de sa vie,
de quelles injures il eût accueilli cette harangue
enflammée de Marinetti aux Venitiens croupissant dans leurs marais des temps périmés :

« Vénitiens, esclaves du passé (*Conférence de
F.-T. Marinetti, au théâtre La Fenice*) ne hurlez
donc pas contre la prétendue laideur des locomotives, des tramways et des automobiles, dont nous
dégageons à coups de génie la grande esthétique
futuriste ! Ces merveilleux engins de vitesse peuvent toujours écraser tel couple d'Autrichiens
sales et grotesques sous leurs petits chapeaux tyroliens !

« Mais vous aimez vous prosterner devant tous les étrangers, quelle que soit leur nationalité, car vous êtes d'une servilité répugnante !

« Vénitiens ! Vénitiens ! Pourquoi vouloir être encore et toujours les fidèles esclaves du passé, les vils gardiens du plus grand bordel de l'Histoire, les infirmiers du plus triste hôpital du monde, où languissent des âmes mortellement empoisonnées par le virus du sentimentalisme ?

« Oh ! les images ne me font guère défaut quand je veux définir votre innommable paresse, aussi vaniteuse et sotte que la paresse d'un fils de grand homme ou d'un mari de cantatrice illustre ! Ne pourrais-je pas comparer vos gondoliers à des fossoyeurs qui creusent en cadence des fosses puantes dans un cimetière inondé ?

« Mais vous ne vous offensez guère, car votre humilité est immensurable...

« L'on sait d'ailleurs que vous avez la sage préoccupation d'enrichir la Société des Grands

Hôtels, et que dans ce but vous vous obstinez à pourrir sur place. Et pourtant vous fûtes autrefois d'invincibles guerriers et des artistes de génie, des navigateurs audacieux et de subtils industriels...

« Mais vous n'êtes aujourd'hui que des garçons d'hôtel, des cicérones, des proxénètes, des antiquaires frauduleux, des fabricants de vieux tableaux, des peintres rabâcheurs, copistes et plagiaires !

« Avez-vous donc oublié que vous êtes avant tout des Italiens ? Sachez que ce mot dans la langue de l'histoire, veut dire : Constructeurs de l'Avenir !... Allez ! Vous ne vous défendrez pas, j'espère, en dénonçant les effets abrutissants du siroco ! C'était bien ce vent-là qui gonflait de ses bouffées torrides et belliqueuses les voiles des héros de Lépanto ! C'est ce même vent africain qui tout à coup, en un midi infernal, hâtera l'œuvre des eaux corrosives sur les fondements de vos palais.

« Oh ! nous danserons bien ce jour-là et nous applaudirons, pour encourager les Lagunes... Les mains chercheront les mains pour former la ronde immense et folle autour de l'illustre ruine noyée... et nous serons tous fous de gaîté, nous, les derniers étudiants révoltés de ce monde trop sage !

« C'est ainsi, ô Vénitiens, que nous avons chanté, dansé et ri devant l'agonie de l'île de Philae, qui mourut comme un vieux rat dans le barrage d'Assouan, immense souricière aux trappes électriques, où le génie futuriste d'Angleterre emprisonne les eaux sacrées et fuyantes du Nil.

« Vous pouvez bien m'appeler un barbare, incapable de goûter la divine poésie qui flotte sur vos îles enchanteresses !... Allons donc ! Il n'y a vraiment pas là de quoi être fiers ! Vous n'avez qu'à débarrasser Torcello, Burano, l'Isola dei Morti de toute la littérature maladive et de l'immense rêverie nostalgique dont elles furent enveloppées par les poètes, pour qu'il vous soit possible, tout en riant avec moi, de considérer ces îles comme les énormes fientes que les mammouths ont laissé choir çà et là en traversant à gué vos lagunes préhistoriques.

« Mais vous les adorez en extase, heureux de pourrir dans votre eau sale, pour enrichir sans fin la Société des Grands Hôtels qui prépare soigneusement les nuits galantes de tous les grands de la terre.

« C'est bien là, c'est bien là votre gloire, Vénitiens !

« Oh ! Rougissez de honte, et tombez à plat ventre, l'un sur l'autre, entassés comme des sacs pleins de sable et de pierres, pour former un rempart sur la frontière, tandis que nous préparerons la grande et forte Venise industrielle et militaire, qui doit braver l'insolence autrichienne sur la mer Adriatique, ce grand lac italien ! »

Et, comme il eût encore été congestionné, le

pauvre vieux calife Félix Ziem, en lisant, d'Octave Mirbeau, cette ironique diatribe, en préface à une exposition de « Vues de Venise » par Claude Monet, en 1912, à Paris.

De son éloquente invective je choisis — avec quel plaisir ! — les lignes suivantes :

« Venise a chaviré sous le poids des imbéciles. Les littérateurs l'ont peinte et les peintres l'ont décrite. Il y eut peut-être jadis une ville qui s'appelait Venise, une ville avec des maisons réelles et diverses, maisons borgnes qui guettent, maisons honorables et plates, maisons riches où l'or, derrière les façades, circule comme le sang sous la peau. Mais Venise n'est plus qu'une carte postale en couleurs. Quant aux hommes et quant aux femmes, ils ont été noyés dans la lagune. Il ne reste plus que des gondoliers, des grandes dames et quelques lévriers. Walt Whitman, qui prenait plaisir et profit à causer avec les cochers d'omnibus de New-York, n'aurait pu vivre à Venise ;

car tous les gondoliers y sont des poètes. Et les grandes dames, dans leurs palais, ont des compagnons si nobles, si dépouillés de toute forme naturelle, définis par des attributs si purement littéraires qu'on ne sait plus, dans la meute qui fait cortège, distinguer M. d'Annunzio d'avec les lévriers héraldiques.

« La nature donne une atmosphère à toutes les villes et les hommes compliquent l'atmosphère de la nature et la souillent avec magnificence de poussières et de fumées. Les travaux et les mouvements des hommes collaborent à l'atmosphère des villes. Mais à Venise, on ne se meut pas : on s'accoude aux balustres. On ne travaille pas : car les cristaux et les dentelles de Venise sont fabriqués dans les expositions universelles.

« Venise pouvait espérer la gloire triste d'être une ville morte. L'Europe en a fait une ville nuptiale, où la bourgeoisie se conjugue.

« Les écrivains qui puisent dans le passé la

plus ferme tradition classique et les écrivains qui y cherchent la plus élégante pourriture et la plus noble lassitude se sont, coude à coude, penchés sur la lagune. Les dramaturges aussi. Un dernier acte, s'il est véritablement d'amour et de douleur, n'a pas d'autre décor que Venise. Et seul, le chant d'un gondolier en coulisse est digne d'accompagner la plainte des amants qui se séparent. Le théâtre est l'image de la vie. Et quel homme quitte sa maîtresse et quelle femme quitte son amant, sans prendre auparavant un billet pour Venise ? Seuls les chiffonniers peuvent s'aimer sans penser à Venise. L'Europe entière s'est unie contre Venise, toute l'Europe avec ses poètes, ses photographes, ses psychologues, ses mariés, ses dramaturges et ses peintres. »

Surtout, je retiendrai les peintres de Venise ! Mais ils sont cent ; mais ils sont mille ! Il y a d'abord les authentiques, ceux des *Vues de Ve-*

nise : Canaletto, Carpaccio, Guardi, etc... — les peintres-architectes, pourrait-on dire ; puis Manet, Renoir, Claude Monet, sont allés aussi à Venise, même Raffaëlli et une tourbe d'autres peintres français, sans compter des Américains, des Anglais, des Péruviens et des Bosniaques. Van Dongen, enfin, a représenté, avec quel humour ! les officiers vénitiens aux tailles de guêpe, et les grandes dames et notoires filles de tous pays, languissamment étirées dans les bras des gondoliers épuisés.

Mais, incontestablement, indiscutablement, le peintre de Venise, le seul, l'exceptionnel, le vrai, ce fut Félix Ziem.

Ah ! celui-là ne fut point infidèle, même un seul jour, à sa ville élue, à sa ville chérie !

Sans doute, il a peint — sans dessiner jamais ! — des *Harems*, des *Caravanes en route pour la Mecque*, des *Caïques sur le Bosphore*, des *Vues des Martigues*, des *Paysages de Hollande*, etc.,

etc... voire des *Fleurs* et des *Fruits*, etc. ; — mais, toujours, il trouva le moyen, au cours de sa journée de travail, d'ajouter une petite vue de Venise à une autre vue de Venise.

C'est que nul, mieux que Ziem, n'a trempé ses pinceaux plus décisivement, plus délibérément, dans de légers « camions » pleins de confitures roses, vertes, jaunes ou bleues. Gelées de groseilles, de mirabelles, gelées aussi de lapis-lazuli, avec quelle maîtrise, quelle sûreté, il vous déposait sur la toile ou sur un petit panneau de bois !... Sous les souples pinceaux de la martre la plus fine s'étiraient les ciels, nageaient les gondoles, s'arrondissaient ou s'élevaient campaniles ou dômes. C'était toujours un miracle, c'étaient toujours des miracles *de chic*. Comme un bon teinturier manie sans faute ses couleurs, Ziem avait un choix de confitures dont il se servait comme d'un clavier. Soleils couchants, soleils levants, le bon peintre avait Venise en mains, Venise soumise, disciplinée, qu'il maniait, qu'il me-

nait au manège des tableaux, comme un écuyer du
« cadre noir » mène son cheval. On s'extasiait sans
fin. Ah ! le vrai peintre, pas compliqué, connais-
sant bien « son affaire », que c'était là !

Je me souviens que lorsque je passais, naguère,
rue Lepic (pour aller voir des amis, place du
Tertre), je ne manquais jamais de regarder avec
un intérêt amusé la maison brune, isolée, où Ziem,
devenu un bon vieux calife, vivait enfin si tranquille. Et je ne manquais pas aussi de me le repré-
senter·étalant avec une prestesse folle ses confitures, qui lui rapportaient, d'ailleurs, d'imposants
profits. Gondoles, Bucentaures pavoisés, caïques
fleuris, coupoles, minarets, dômes, rameurs et
gondoliers figurant des petites quilles, tout cela
naissait sous ses fins pinceaux enchantés ; et
c'était toujours le tableau de la veille, — c'étaient
toujours les mêmes tableaux !

Heureuse vie de peintre ! Heureux amateurs
que cette tatouille de fruits cuits enchantait — et

enchante toujours ! Car si la harangue de Marinetti contre Venise hôtelière et l'ironie même de Mirbeau à l'adresse de Venise prostituée n'eussent pu avoir raison de la douce folie de Ziem, léchant ses groseilles et ses lapis ; les amateurs, quant à eux, réclament encore de ces confitures passées de goût, déposées dans de larges cadres en or, au long des tristes murs des galeries surannées !...

Mais, quand même, la gloire du bon calife est aujourd'hui mal en point. Demain, tout le sucre aura envahi ses confitures vénitiennes et blanchi la couleur. Bientôt, on n'aura plus que de secs tableaux, coriaces, d'aspect insupportable, qu'il faudra jeter définitivement dans la chaudière !

Ainsi finissent toutes les confitures qu'une cuisinière a bâclées, en suivant trop exactement les sempiternelles redites de la routine !...

TABLE

Imp. « Presse Franco-Russe », 216, boulevard Raspail, Paris.